AF366044

CADENA DE SUMINISTRO
PRINCIPIOS, MÁXIMAS Y RECOMENDACIONES

LUIS ANÍBAL MORA GARCÍA

CADENA DE SUMINISTRO
PRINCIPIOS, MÁXIMAS Y RECOMENDACIONES

LUIS ANÍBAL MORA GARCÍA

Colección: Biblioteca de logística
Director: David Soler

Cadena de suministro. Principios, máximas y recomendaciones
1.ª edición, Ecoe Ediciones, 2017, Colombia, ISBN 978-958-771-592-7 – 978-958-771-593-4
(edición digital)
2.ª edición, Marge Books, 2021

Edita: Marge Books
València, 558 - 08026 Barcelona
Tel. 931 429 486 - marge@margebooks.com
www.margebooks.com

Gestión editorial: Eva Franch
Dirección editorial: Angélica García Reyes
Edición: Sabina Ojeda y Laura Serral
Compaginación: Yolanda Madero y Mercedes Lara
Impresión: Safekat, SL (Madrid)

ISBN edición impresa: 978-84-18532-50-4
ISBN edición digital: 978-84-18532-51-1
Depósito Legal: B 9593-2021

El papel empleado en este libro no ha sido blanqueado con cloro elemental (CI_2).

ÍNDICE

TABLA DE ESQUEMAS

AGRADECIMIENTOS

Al ingeniero César Sánchez por la consagración y dedicación al soporte temático de la obra.

Al ingeniero Fernando Villegas por su valioso aporte técnico al proyecto.

EL AUTOR

Luis Aníbal Mora García es ingeniero industrial (UNAL), especialista en mercadeo internacional (U. EAFIT), y cursó una maestría en Dirección Logística y Operaciones (ENAE, Murcia, España). Es docente catedrático en diferentes universidades latinoamericanas y asesor de logística en diferentes proyectos en Latinoamérica. Es socio fundador de la Asociación Colombiana de Logística (ACOLOG), y miembro titular de la Junta Directiva de la Corporación Colombiana de Logística (CCL).

Asimismo, es autor de ocho libros sobre gestión logística y, en la actualidad, es director de High Logistics Group.

INTRODUCCIÓN

El presente libro resume y consolida la experiencia de los 25 años de vida profesional, laboral y académica del ingeniero Luis Aníbal Mora García en el área de la logística, así como las principales bases operativas aplicables a la administración y optimización de la gestión logística.

El *know-how* y el material han sido generados principalmente por el autor como un aporte científico al tema, con base en los conocimientos compartidos por sus alumnos y colegas en charlas, seminarios, clases y conferencias impartidos en América Latina en los últimos 20 años.

Por lo tanto, se puede afirmar que la obra será un manual de consulta indispensable para la comunidad logística de la región, en ámbitos relacionados con el manejo de la operación cotidiana de las actividades logísticas y la cadena de abastecimiento.

CAPÍTULO 1

PRESENTACIÓN Y PROTOCOLO PARA EL LECTOR

Previo al inicio del contenido fundamental del libro, en este primer apartado se brinda al lector una aclaración general de las definiciones básicas de las palabras claves que componen el encabezado de esta obra, es decir, una descripción de los conceptos de principio y de máxima. A continuación, se presentan definiciones genéricas y aplicables al ámbito logístico:

Principio

Ley que debe cumplirse o seguirse de acuerdo a un determinado objetivo, con el fin de lograr un propósito, como por ejemplo las leyes matemáticas y de aritmética.

- Tratado que establece un fundamento o ley acerca de cómo funciona, opera o se genera una determinada ideología, teoría, doctrina, religión o ciencia.
- Conjunto de valores, creencias y normas que orientan y regulan el accionar de un determinado individuo u organización.

- Toda ley parcial o totalmente absoluta y objetiva que tiene su fundamento en la razón pura, así como en la práctica.

Máxima

- Proposición o regla generalmente admitida por un grupo de personas que practica una determina profesión u oficio.
- Frase de origen populista y conocimiento general que se repite de forma tradicional e invariable dentro de un determinado colectivo.
- Sentencia o frase corta que expresa un contenido moral o resume algún conocimiento esencial.
- Figura literaria que consiste en expresar un pensamiento profundo de forma concisa y en pocas palabras.

Teniendo en cuenta los conceptos de máxima, las líneas posteriores en las que esta se aborde se redactarán de una forma más personal e informal; el autor compartirá la experiencia que ha adquirido y aplicado a lo largo de su carrera profesional en el mundo de la logística.

CAPÍTULO 2

PRINCIPIOS GENERALES DE LA CADENA DE SUMINISTRO

En este apartado se presentan detalladamente los elementos que componen el concepto general de logística que toda empresa u organización dedicada a esta rama de la ingeniería dcbc comprender y aplicar, de tal forma que pueda adentrarse en los principios de la cadena de abastecimiento.

Los elementos son:

1. **Capacidad de tener el producto o servicio correcto:** los proveedores deben garantizar la existencia de las materias primas y de los recursos necesarios para la producción y entrega eficiente del producto, o la correcta prestación del servicio que el cliente final demande.

Para lograrlo, considere que aliarse con los proveedores no implica "contraer matrimonio" con ellos. Generalmente, las empresas confunden las alianzas con compromisos vitalicios y nocivos en el futuro, en los cuales la parte más débil económica, productiva, política y estratégicamente sucumbe ante la más fuerte, lo que representa un craso error, dado que las alianzas deben ser proactivas y coercitivas para que sus miembros puedan obtener bienes comunes mientras se desarrollan en un ambiente competitivo y de colaboración del mercado.

Esquema 1. Logística empresarial de productos y servicios

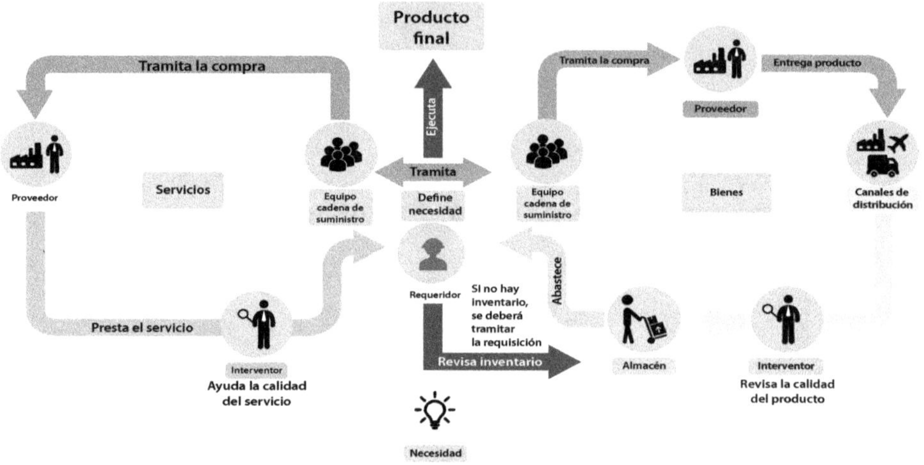

Fuente: Grupo EPM (2014).

2. **En las cantidades correctas:** recuerde mantener las existencias almacenadas siempre bajo control y considerando su respectiva clasificación temporal, de modo que pueda suplir cualquier requerimiento que se presente empleando la menor cantidad de mano de obra, realizando la menor cantidad de movimientos y recorriendo la mínima distancia posible.

3. **Bajo las condiciones adecuadas:** garantice que las condiciones de producción, almacenamiento, transporte y entrega sean óptimas. El producto o servicio recibido o percibido por el cliente será el que hable por la empresa al final de la cadena de abastecimiento.

4. **En el tiempo estipulado o acordado:** adopte el concepto *"lead time* eficiente" como una filosofía corporativa, dado que en un mundo globalizado e interconectado como en el que se desarrolla el mercado actual, el cliente está a solo un clic de cambiar el producto por el de la competencia.

5. **Para el cliente que lo solicite:** mantenga en mente que el principal elemento a considerar dentro del negocio es el cliente,

quien tiene necesidades que pretende suplir a través del producto o servicio que una determinada empresa o conglomerado pueda ofrecerle. Por lo tanto, una empresa orientada al éxito debe garantizar la satisfacción de estas necesidades, entregando el producto solicitado sin errores ni variaciones de ninguna naturaleza.

Imagen 1. Esquema clásico del proceso logístico

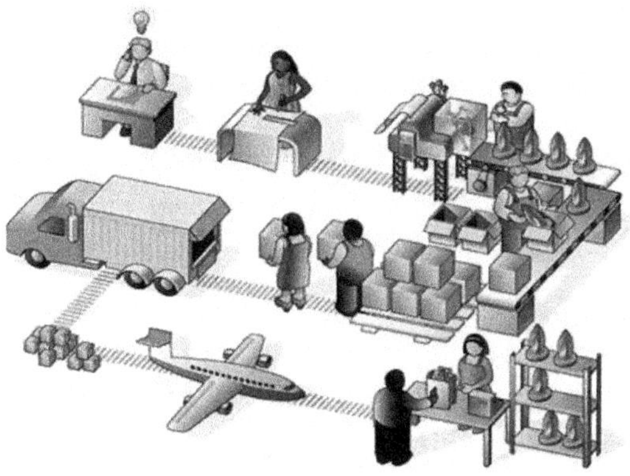

"Una eficiente operación logística radica en la adecuada coordinación que debe existir entre los eslabones que componen la cadena de suministro, por lo tanto, se recomienda no solo centrarse en el desarrollo y fortalecimiento de sus propias actividades, sino apoyar y promover el apoyo de sus clientes y proveedores".

Fuente: European Quallty Assurance (s. f.).

2.1. Principios básicos de la cadena de suministro

Los principios operativos son conceptos primordiales que deben ser contemplados durante la ejecución de las actividades que componen el proceso de administración de la cadena de suministro.

Principio de interdependencia: las problemáticas que se presenten en los eslabones operativos de la cadena de suministro deben ser analizadas tomando en consideración los aspectos estratégicos, tácticos y logísticos; es decir, se debe partir de una planificación fundamentada que permita satisfacer correctamente las exigencias del mercado, así como adaptarse y reformularse constantemente, según el patrón que sigan dichas exigencias.

Esquema 2. Niveles de interdependencia

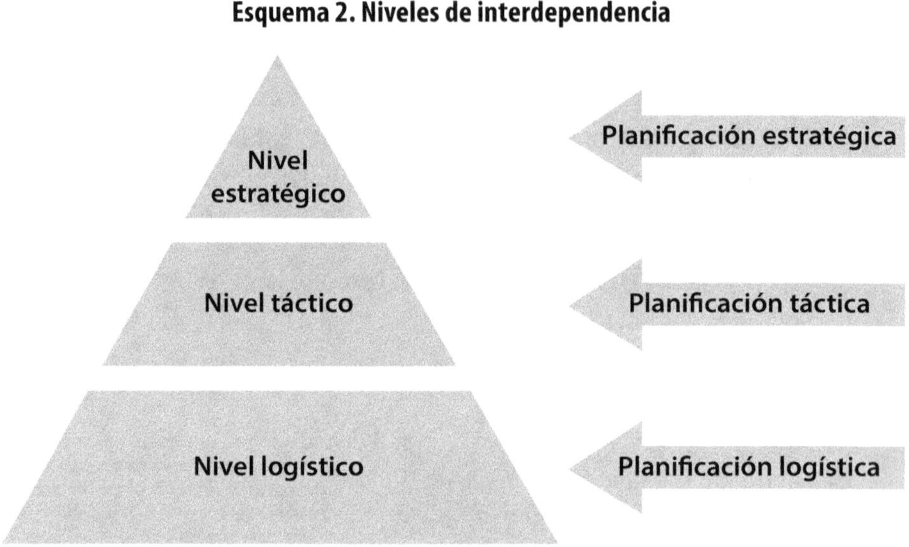

Fuente: elaborado por César Andrés Gómez García.

Principio de economía: la actividad logística debe desarrollarse con el objetivo de ubicar un bien o servicio en el mercado cuando el cliente lo demande, garantizando en todo momento que los costos derivados de dicha actividad no sobrepasen el horizonte de tolerancia para la oferta.

Imagen 2. Alcance económico y financiero de un producto o servicio en el mercado

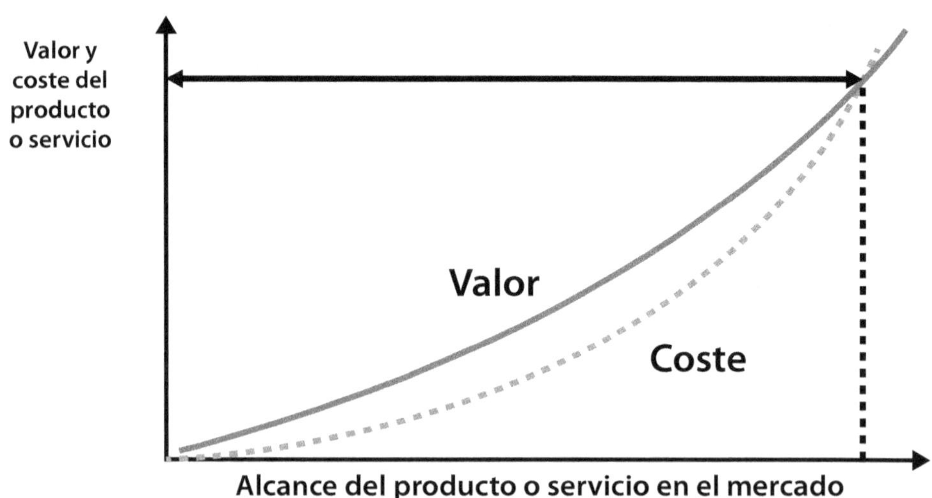

Fuente: elaborado por César Andrés Gómez García.

Principio de simplicidad: todo ciclo PHVA (planificar-hacer-verificar-actuar) dentro de un sistema logístico a lo largo de la cadena de suministro debe estar diseñado de la forma más sencilla posible, de tal manera que los elementos que la integran puedan acoplarse rápidamente a cada área de trabajo, sin verse afectados por la realización de tareas o actividades complejas en las áreas que intervienen.

Imagen 3. El modelo logístico en simples pasos

Fuente: Lezama Osaín, C. (2007).

Principio de flexibilidad: es importante recordar que, por definición, la logística trata sobre la entrega de las cantidades correctas, en el tiempo correcto y al cliente correcto de un producto o servicio ofertado, el cual, al igual que el mercado, se encuentra en constante movimiento; de allí la necesidad de desarrollar habilidades y estrategias que permitan adaptarse a las variaciones.

Imagen 4. Flexibilidad de los mercados

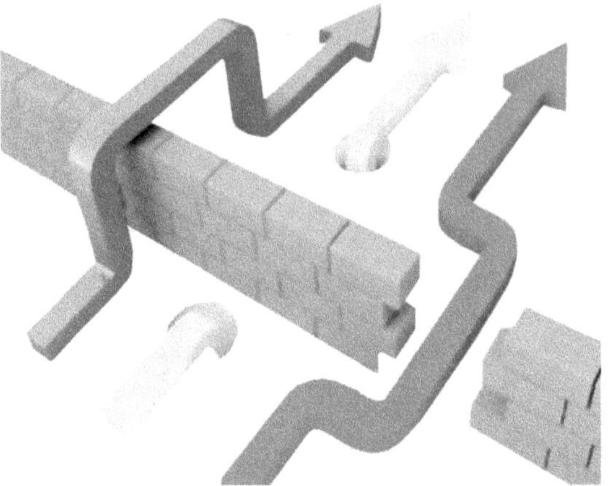

"Los mercados en la actualidad, gracias a los continuos avances tecnológicos que permiten una conexión en tiempo real desde casi cualquier punto de ubicación geográfica, obligan a toda compañía a readaptarse continuamente a las variables del mercado objetivo que dicha compañía pretende abarcar, por lo tanto, puede afirmarse que no existe una fórmula preestablecida para el éxito logístico y, por el contrario, cada día es un nuevo reto".

Fuente: Zinergia (s. f.).

Principio de coordinación: al igual que los eslabones perfectamente unidos en una cadena de buena calidad permiten el movimiento de un vehículo de dos ruedas o la sujeción necesaria para soportar determinado peso o carga, todos los eslabones o miembros de la labor logística deben estar coordinados de tal forma que los éxitos particulares contribuyan a alcanzar los objetivos estratégicos de la empresa y sus aliados. Por lo tanto, los departamentos y su talento humano deben comprender de una manera clara y concisa la importancia de su rol dentro de la organización, para que se apropien de sus funciones y las desempeñen de forma eficiente, según lo establecido en el cronograma o plan estratégico de trabajo, el cual debe ser definido y concertado por los miembros de los departamentos, puesto que son ellos quienes desempeñan diariamente la labor en mención.

Imagen 5. Trabajo en equipo bajo el principio de coordinación

Fomentar el trabajo estructurado, coordinado y leal entre compañeros en cualquiera de los niveles dentro de una organización, es el trabajo inicial y fundamental a ejecutar por parte de cualquier líder de proceso o gerente, dado que a partir de este, los conceptos de sentido de pertenencia y responsabilidad surgen por sí solos, generando como resultado una organización en donde cada uno de sus miembros disfruta lo que hace y aún más importante confía en los demás.

Fuente ilustración: Retos en Supply chain (2015).

2.1.1. Suministro estratégico

Para poner en marcha las estrategias de compras corporativas es preciso contar con procedimientos que optimicen la forma en que las compañías participantes en el proyecto adquieren sus bienes y servicios en los mercados globales. Esto se logra a partir del establecimiento de estándares de servicio esperado, requerimientos y necesidades de consumo.

Para lograrlo, en primera instancia, debe establecerse lo siguiente:

- Centralización de las compras creando ventajas de economías de escala.
- Uso de internet en el proceso.
- Integración de los departamentos de ventas y compras (*supply chain management* – SCM).
- Colaboración e integración con los proveedores.
- Cambio del perfil: de comprador a gerente de compras.
- Clasificación del portafolio de productos, materias primas y materiales.
- Automatización de los procesos de compras y el control de inventarios.

Imagen 6. Suministro estratégico

Gerencia de compras
y suministros estrategias

Suministro estratégico

Proceso sistemático de identificación y desarrollo de relaciones comerciales que puedan ser estratégicas a largo plazo

Integración con los proveedores.

Evaluaciones detalladas y precisas.

Estandarización y reducción de la complejidad.

Entrevistas de los proveedores con el CEO de cada compañía.
Compras está en el equipo de evaluación de las nuevas líneas de negocio.
Los proveedores participan en la solución de los problemas del cliente.
La búsqueda y aplicación de la tecnología se consulta con compras.

Fuente: High Logistics.

Clasificación del portafolio de productos

El primer paso para mejorar la gestión de compras es clasificar el portafolio mediante un modelo de categorización como la Matriz de Kraljic (1983), el cual propone cuatro tipos de productos, según su impacto en el resultado y el número de proveedores potenciales.

1. **Productos-servicios multiplicadores:** tienen un alto impacto en el resultado mientras existan muchos proveedores. El mejoramiento consiste en encontrar suplidores con los mejores precios.
2. **Productos-servicios rutinarios:** tienen un bajo impacto en el resultado mientras haya muchos proveedores. El mejoramiento de este grupo recae en la agilización del proceso.
3. **Productos-servicios clave:** tienen un bajo impacto en el resultado mientras existan pocos proveedores. El mejoramiento consiste en buscar bienes alternativos, de manera que disminuya el riesgo de incumplimiento por parte del suplidor.

4. **Productos-servicios estratégicos:** tienen un alto impacto en el resultado mientras haya pocos proveedores. El mejoramiento radica en la relación con el proveedor; diseñar un tipo de alianza para garantizar el futuro de la compañía.

2.2. Principios operativos de la cadena de suministro

a. En el futuro, la competencia de los mercados recaerá sobre las cadenas de suministro que los componen y no sobre las empresas. Por lo tanto, las organizaciones que no incorporen acuerdos de colaboración en sus estrategias estarán condenadas a desaparecer paulatinamente.

b. Es necesario segmentar a los clientes tanto reales como potenciales con base en sus necesidades, de tal manera que pueda adaptarse la cadena de suministro de una forma rentable; en otras palabras, debe incorporarse el concepto de personalización de las cadenas de abastecimiento.

c. Es obligatorio retirar la expresión "no es posible" dentro de la logística, de allí la importancia de las alianzas estratégicas y la existencia de la competencia sana que nos hace buscar soluciones a los problemas de la empresa.

d. Fomentar alianzas estratégicas con la competencia generalmente es mejor que competir y desaparecer en el intento, por ende, debe dejarse a un lado esa actitud egoísta y reservada predominante en las grandes empresas, dado que es totalmente preferible el 20% de un mercado rentable que el 100% de nada.

Imagen 7. Manejo de los indicadores

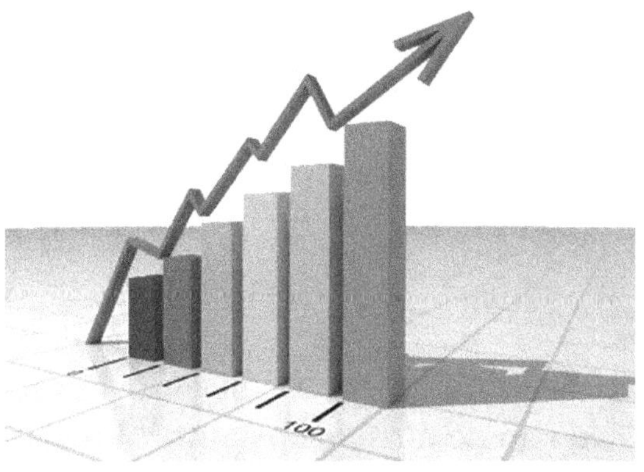

Fuente: Agencia Pública de Noticias del Ecuador y Suramérica (2014).

e. Es necesario la promoción de un modelo de negocios que premie la exportación de productos y solo importe lo requerido, es decir, que se motive al esfuerzo en el diseño de productos innovadores y la conquista de nuevos mercados con éxito.

f. El verdadero problema no radica en cómo llegar a un objetivo o una meta específica, sino en cómo mantenerse en el tiempo mediante la innovación y generación sostenibles de ventajas competitivas en el mercado.

g. Escuche las señales del mercado y alinee la planificación de la demanda con el resto de la cadena de suministro, garantizando unas previsiones consistentes y una óptima asignación de recursos.

h. Segmente a los clientes en diferentes grupos, según sus necesidades, y adapte la cadena de suministro para servir a estos segmentos de forma rentable. Personalice la red logística a las necesidades de servicio y a la rentabilidad de los segmentos definidos.

i. Diferencie los productos lo más cerca posible de los clientes y acelere el ritmo de transformación de los mismos a lo largo de la cadena de suministro.

j. Gestione estratégicamente las fuentes de suministro con los proveedores, con el fin de reducir el coste total de posesión de materiales y servicios.

k. Desarrolle una estrategia tecnológica que englobe a toda la cadena de suministro, que dé soporte a diferentes niveles de decisión y ofrezca una visión clara de los flujos de productos, servicios e información.

l. Adopte indicadores de desempeño (KPI's) que abarquen toda la cadena de suministro, para que se puedan medir colectivamente la eficiencia y la efectividad de la respuesta al consumidor final.

m. Las empresas e instituciones pequeñas, ágiles e innovadoras logran devorar a las grandes, lentas y tradicionalistas. Tenga en cuenta estos tres criterios.

n. *Keep on the top*, es decir, manténgase en la cima procurando reinventar el modelo de negocio de forma constante. El tiempo que cada empresa dedica a descansar y solo a contar dinero muy seguramente otra lo está empleando en cualquier parte del mundo a mejorar sus procesos productivos y administrativos.

o. Se debe dejar de lado el famoso concepto "si las cosas funcionan, no las cambie"; por el contrario, si funcionan, es responsabilidad de todos los componentes de la misma garantizar que día a día estas sean ejecutadas con mayor eficiencia y eficacia. Recuerde que el 100% es tan solo un ideal subjetivo que siempre se perseguirá.

p. El proceso de mejora continua que tanto predican las empresas no es cuestión de auditorías o fechas concretas, este debe ser una práctica permanente.

q. La pobreza es solo un mito, solo existe la escasez de dinero y la falta de interés e ingenio por producirlo. El dinero ya se ha fabricado y solo puede ser conseguido a través del trabajo duro.

r. Desarrolle una actitud preventiva y de prudencia en mercados turbulentos y de recesión económica dejando de lado el modelo correctivo tradicional. Como bien dice el adagio popular: "Es mejor prevenir que curar".

s. Considere que, en tiempos difíciles, la prudencia es lo más recomendable a la hora de tomar decisiones y manejar su empresa, basada en costos variables y no fijos para sostenerse en el mercado.

2.2.1. Aplicaciones del VMI (vendor management inventory – inventario administrado por el proveedor)

En las compañías modernas, las aplicaciones más comunes de esta metodología de colaboración se dan en:

- Las industrias sensibles al error en los pronósticos de la demanda. Por ejemplo, el sector farmacéutico.
- Los almacenes múltiples que distribuyen bienes de consumo masivo, tales como Walmart.
- El sector de producción y comercialización de productos perecederos, tales como los hipermercados.
- Las industrias de bienes de alto valor, cuya demanda no es posible pronosticar.

- Las industrias en las que la competencia fuerte obliga a trabajar con márgenes pequeños de rentabilidad. Por ejemplo, el sector automotriz.

2.2.2. Pasos para la implementación del VMI

Para aplicar este modelo de gestión de inventarios, se recomienda cumplir con las siguientes etapas:

1. Comunicación de las expectativas a las partes involucradas.
2. Información comercial compartida entre las partes.
3. Acuerdo de confidencialidad y buen uso de la información.
4. Acuerdo sobre la política de órdenes, riesgos y beneficios compartidos.
5. Asignación de recursos financieros, físicos y humanos.
6. Diseño de los esquemas de control y verificación.
7. Implementación y evaluación constante del avance del proceso.
8. Realimentación y reparto de beneficios.

2.2.3. Ventajas y limitaciones del VMI

2.2.3.1. Ventajas

Para la cadena logística

- Menores niveles de inventario en todos los eslabones de la cadena de suministro.
- Reducción de errores en el manejo de la información.
- Mayor exactitud en los pronósticos de inventario y la colocación de los *stocks* en cada punto de la cadena de abastecimiento.
- Menor margen de costos de servicio.

Para los vendedores

- Mejor entendimiento de la demanda del cliente.
- Comunicación directa y mejorada con los consumidores.
- Incremento de los niveles de ventas.
- Oportunidad de ofrecer mayor valor agregado en los productos y servicios.

Para los proveedores:

- Reducción de los tiempos de reabastecimiento.
- Menor costo del inventario.
- Disminución de las rupturas de *stock*.
- Construcción de alianzas estratégicas en beneficio de la gestión eficiente de la cadena de suministro.

Para los usuarios finales

- Aumento de los niveles de servicio.
- Reducción de los agotados en los puntos de venta.

2.2.3.2. Limitaciones

- El éxito de las iniciativas de VMI depende de la relación comercial entre minoristas y mayoristas.
- Creciente dependencia entre las partes.
- Falta de confianza para el intercambio de información.
- Invisibilidad y desequilibrio del inventario.
- Altos costos de inversión en tecnología.
- Largos tiempos de integración de información y procesos.

CAPÍTULO 3

GESTIÓN DE COMPRAS
Y SUMINISTRO

Antes de iniciar este apartado citando una serie de principios personales relacionados con los procesos de compras y suministro, se tratará de establecer la diferencia entre estos dos conceptos, puesto que los profesionales en formación tienden a confundirlos.

- **Compras:** todas aquellas actividades orientadas a la consecución de bienes o servicios que permitan satisfacer las necesidades de una entidad específica, de tal forma que esta pueda lograr eficientemente el cumplimiento de sus objetivos.
- **Suministro o abastecimiento:** área de enfoque en planificación estratégica dentro de la logística del abasto en el proceso de la compra, el traslado y las modalidades de entrega a los diferentes puntos de recepción. Establece políticas de reabastecimiento y negociación con proveedores, en función de optimizar y reducir los casos de adquisición de las materias primas y de los insumos en la cadena de suministro.

Teniendo en cuenta lo anterior, se puede afirmar que el abastecimiento es una función de carácter estratégico, mientras que las compras son todo lo contrario, puesto que tienen carácter operativo:

comprar implica negociar precios y condiciones específicas con proveedores, controlar la calidad, ejecutar pruebas de cumplimiento de condiciones y presupuestar.

Esquema 3. Compras en la cadena de suministro

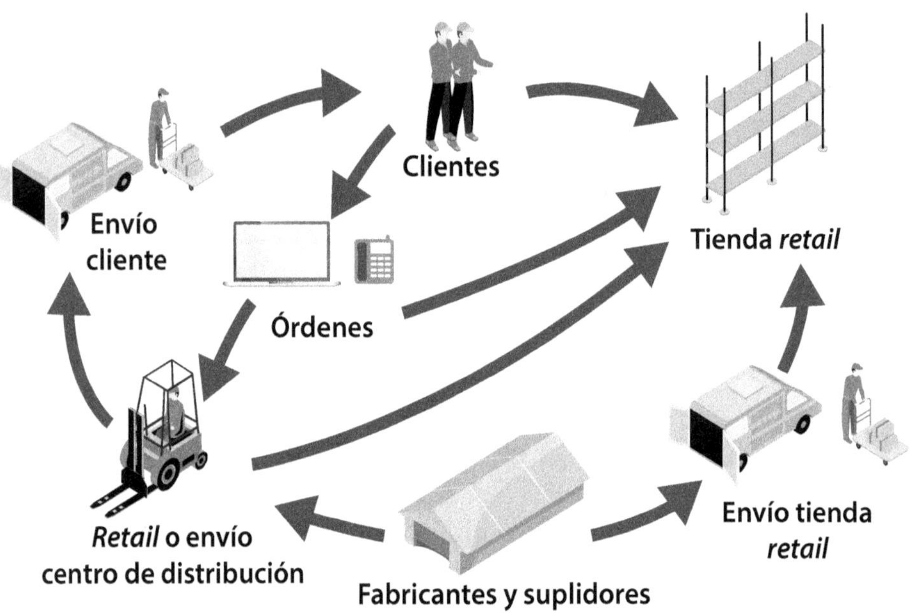

Fuente: Carowee's Blog (2010).

3.1. Las mejores prácticas en la gestión de suministro

3.1.1. Selección, evaluación y certificación de los proveedores

El área de gestión de compras debe estar familiarizada con la estrategia general de la empresa; debe saber lo que se espera de ella. El análisis comienza por determinar las necesidades del comprador y las áreas donde suelen presentarse problemas, para los cuales los proveedores podrían aportar soluciones.

3.1.1.1. Selección de los proveedores

El análisis y selección de los proveedores es uno de los procesos claves en la organización, puesto que genera y mantiene la competitividad de la misma. Existen muchos elementos y variables que enmarcan la visión estratégica del análisis y selección de los proveedores:

- Identificación, asesoría y racionalización de la base de proveedores.
- Definición de las necesidades de la compañía.
- Elaboración del perfil de los proveedores requeridos.
- Identificación de los proveedores potenciales.
- Elección de los proveedores competitivos.
- Definición de los principios de seguimiento y evaluación.
- Determinación de los indicadores de gestión.
- Desarrollo integral y proactivo.
- Compartir información con los proveedores.
- Promover relaciones abiertas.
- Ciclos sistemáticos de mejoramiento.
- Incremento mutuo de los niveles de conocimiento de los negocios.
- Involucramiento temprano del proveedor (*early supplier involvement*, ESI).
- Alineación de los objetivos en la cadena de suministro.
- Visión y misión del proveedor.
- Acceso a la organización del proveedor.
- Habilidad para crecer.
- Alta velocidad de respuesta.
- Interacción multifuncional con el proveedor.
- Investigación y desarrollo (I&D) alineado con los objetivos estratégicos del cliente.
- Mejoramiento continuo/discontinuo.
- Mejoramiento sistemático.

Son muchos los criterios que se utilizan para seleccionar a los proveedores. Cada empresa varía su análisis de acuerdo a sus necesidades particulares. Los criterios más comunes son:

- Oportunidad en la entrega de los productos solicitados.
- Precios y estabilidad financiera.
- Lugar de entrega (instalaciones de la compañía u otro previamente establecido).

- Cantidad de bienes, según la solicitud de la organización.
- Marca o especificaciones del producto requeridos por la empresa.
- Credibilidad en el mercado.
- Información oportuna acerca del pedido (orden de compra).
- Respaldo de garantía, en caso de existir inconformidades en los artículos solicitados.
- Flexibilidad para cumplir con adelantos, atrasos y cancelaciones.
- Tecnología necesaria para procesar los pedidos.
- Flexibilidad de inversión en nuevos proyectos.
- Conocimiento del negocio.
- Empoderamiento de la persona que atiende las necesidades de la empresa.
- Retroalimentación de la información.
- Flexibilidad en el manejo de los inventarios (en planta propia o en consignación).

Los criterios de selección de los proveedores se pueden reunir en una matriz que integre las distintas variables de decisión, así como la importancia dada a cada una por la compañía, a fin de obtener una calificación ponderada de los proveedores analizados. Este proceso puede estar motivado por la necesidad de escoger un suplidor de un bien (como materias primas y materiales de empaque) o de un servicio o por la ampliación de la base de proveedores de la empresa.

3.1.2. Evaluación y certificación de los proveedores

Imagen 8. Evaluación de los proveedores

Fuente: High Logistics.

El propósito de evaluar y certificar a los proveedores es agilizar los procesos en la cadena de suministro, haciéndolos más eficientes para cada una de las partes, con miras a la satisfacción de los consumidores finales.

Objetivos de la evaluación de los proveedores

1. Convertir a los proveedores menos competitivos en suplidores estratégicos de alta calificación.
2. Obtener la media del portafolio de los proveedores actuales.
3. Encontrar las fortalezas y debilidades de los proveedores.
4. Mejorar el suministro de la compañía.
5. Crear relaciones cálidas y fuertes.
6. Disminuir los niveles de agotados.
7. Incrementar el nivel de servicio.
8. Certificar los procesos y el desempeño de los proveedores.

Para realizar una evaluación completa de los proveedores deben definirse, entre otros criterios, los productos que estos suministran y el impacto que generan en el negocio. Las principales variables de desempeño a medir son:

1. **Sistema de calidad:** calidad en sus procesos, estrategias y procedimientos de aseguramiento de la calidad; procesos de capacitación y entrenamiento, etc.
2. **Fabricación:** programas de mantenimiento preventivo; planificación y programación de la producción; ambientes adecuados de trabajo; sistema de indicadores para la productividad en planta.
3. **Medioambiente:** cumplimiento de normas medioambientales; control sobre el manejo de residuos sólidos y líquidos; control sobre emisiones atmosféricas, etc.
4. **Aspectos comerciales:** nivel y calidad del servicio al cliente; competitividad en precios, investigación y desarrollo de nuevos productos; alternativas de negociación.
5. **Aspectos logísticos:** cumplimiento en las entregas; políticas de devoluciones y atención de las reclamaciones; manejo correcto de la documentación; flexibilidad y capacidad de atención.

Entre los factores a analizar dentro del sistema de calidad, deben considerarse la historia de aceptaciones y rechazos; la capacidad de muestreos y ensayos (en este factor deben tenerse en cuenta los equipos para realizarlos y el personal que los lleva a cabo; si está o no calificado); el control de procesos; la gerencia de los sistemas de calidad y la certificación de procesos (serie ISO 9000:2000).

Para determinar la capacidad y responsabilidad del proponente deben analizarse el desempeño pasado; la capacidad instalada; las habilidades y destrezas de sus empleados; la integridad en las prácticas de negocio; el tiempo que lleva este en la industria/mercado; las certificaciones y licencias; los factores financieros.

Es importante que no solo se analicen los estados financieros comunes como el balance general, el estado de resultados (PyG), el flujo de caja, etc., para obtener una visión completa, debe también revisarse la historia del control de costos, los índices de endeudamiento y la calificación crediticia. Para esta última, nacional e internacionalmente, existen empresas certificadoras que presentan el comportamiento financiero de la compañía en cuestión.

3.1.3. Suministro continuo - Justo a tiempo

Imagen 9. VMI

Reposición de los inventarios
VMI = Inventarios Administrados por el Vendedor

Fuente: High Logistics.

La elaboración de una estrategia competitiva para el negocio supone definir aquella o aquellas variables en que se quiere ser superior a la competencia y que hacen que los clientes compren nuestros productos y no otros. Podemos enumerar cinco variables que servirán de base para conseguir esa ventaja competitiva: costo, calidad, servicio, flexibilidad e innovación.

1. **Costo:** consiguiendo colocar en el mercado productos de bajo valor unitario, fabricándolos, por ejemplo, con sistemas de producción y distribución altamente productivos; invirtiendo en equipos especializados que garanticen la manufactura en serie.
2. **Calidad:** mediante el diseño de productos fiables y fabricando artículos sin defectos. Llegando a conseguir el binomio marca-calidad (Toyota en automóviles, Minolta en máquinas fotográficas, Seiko en relojes).
3. **Servicio:** asegurando los compromisos de entrega de los bienes, tanto en cantidad como en fecha y precio. Dando unos niveles de asistencia posventa adecuados.
4. **Flexibilidad:** siendo capaces de adaptarse a las variaciones de la demanda; a los cambios en el mercado y en la tecnología; modificando los productos o los volúmenes de producción.
5. **Innovación:** desarrollando nuevos artículos, nuevas tecnologías de manufactura y nuevos sistemas de gestión.

Cada compañía debe decidir con cuál variable quiere competir en el mercado; en qué quiere ser superior a la competencia. Con base en esta decisión, se deberán articular las demás decisiones que se tomen en el área de producción, las cuales constituirán la estrategia fabril de la empresa.

Se debe tener en cuenta, además, que las variables elegidas para conseguir la ventaja competitiva van ligadas al ciclo de vida del producto. Es decir, la forma de competir dependerá de cuál sea la fase de evolución en que se encuentre el producto. Así, mientras que en la etapa de crecimiento son claves para adquirir ventaja competitiva la calidad y el servicio, en la fase de declive es fundamental el precio de la mercancía.

La definición y el propósito del sistema justo a tiempo (*just in time*, JIT) es: producción de la cantidad mínima posible en el último momento posible, utilizando un mínimo de recursos y eliminando el desperdicio en el proceso de manufactura (y compras, a juicio nuestro).

Se pretende disponer de los niveles adecuados de inventarios en los momentos precisos para satisfacer la demanda de nuestros clientes, garantizando un alto nivel de servicio y un mínimo de agotados. La estrategia es tener una mayor frecuencia de llegada de las órdenes de compra, con menores cantidades de bienes por cada una de ellas.

Se pretende optimizar el proceso operativo de la compra, minimizando los reprocesos que puedan presentarse, tales como: enmiendas a órdenes de compra, remisiones, traslado del producto e informes de recibo y facturas.

El JIT fue desarrollado por Toyota, pero luego se trasladó a muchas empresas de Japón y del mundo. Este ha sido el mayor aporte al impresionante progreso de las compañías niponas, por lo tanto, organizaciones de otras latitudes se han interesado en conocer cómo funciona esta técnica.

El JIT, más que un sistema de producción, es una herramienta de inventarios cuya meta es eliminar los desperdicios. Por lo general, el desperdicio se define como todo lo que no sea el mínimo absoluto de recursos materiales, máquinas y mano de obra requeridos para añadir valor al producto en proceso.

En la mayoría de los casos, el mayor beneficio del JIT es que da como resultado importantes reducciones en todas las formas de *stocks*. Dichas formas abarcan los inventarios de piezas compradas, los subensambles, los trabajos en proceso (*work in process*, WIP) y los bienes terminados. Tales reducciones de existencias se logran por medio de métodos mejorados no solo de compras, sino también de programación de la manufactura.

El JIT requiere que se hagan modificaciones importantes a los métodos tradicionales con los que se consiguen las piezas. Se eligen los proveedores preferentes para cada uno de los materiales y de los insumos a conseguir, y se estructuran arreglos contractuales especiales para los pedidos pequeños. Estos pedidos se entregan en el momento exacto en que los necesita el programa de manufactura del usuario y en pequeñas cantidades que basten para períodos muy cortos.

Las entregas diarias o semanales de las piezas compradas no son inusuales en los sistemas JIT. Los proveedores acuerdan, por contrato, entregar las que se ajustan a los niveles de calidad preestablecidos, eliminando la necesidad de que el comprador inspeccione las piezas que ingresan. El tiempo de llegada de tales entregas es de extrema importancia. Si llegan demasiado pronto, el comprador debe llevar un inventario por separado; pero si llegan demasiado tarde, las existencias pueden agotarse y detener la producción programada.

A menudo, quienes compran esos materiales pagan mayores costos unitarios para que sean entregados de esta forma. Mientras que los costos de oportunidad, resultantes de estructurar el contrato de compra, pueden ser importantes, el costo subsecuente de conseguir lotes de piezas individuales, diaria o semanalmente, puede reducirse a niveles cercanos a cero. Al no tener que inspeccionar las piezas de ingreso, el comprador puede lograr una mayor calidad en el bien y menores costos de inspección.

La producción de las piezas se programa de tal forma que se minimice el inventario de WIP, así como las reservas de bienes terminados. Las normas del JIT fuerzan al fabricante a solucionar los cuellos de botella de la manufactura y los problemas de diseño, que antes se cubrían manteniendo existencias de reserva.

Debido a que la incertidumbre ha sido eliminada, el control de calidad es esencial para el éxito de la instrumentación del JIT. Además, puesto que el sistema no funcionará si ocurren fallas frecuentes y largas, se crea la ineludible necesidad de maximizar el tiempo efectivo y minimizar los defectos. A su vez, se requiere de un programa vigoroso de mantenimiento. La mayoría de las plantas japonesas operan con solo dos turnos, lo que posibilita un mantenimiento completo durante el tiempo no productivo, dando como resultado una tasa mucho más baja de fallas y deterioro de la maquinaria, en comparación con Estados Unidos.

La presión para eliminar los defectos se hace sentir no en la programación del mantenimiento, sino en las relaciones de los fabricantes con los proveedores y en el trabajo cotidiano en línea. La manufactura JIT no permite una inspección minuciosa de las partes que arriban. Por ello, los proveedores deben mantener niveles de calidad altos y consistentes; y los trabajadores deben tener la autoridad para detener las operaciones, si identifican defectos u otros problemas de producción.

3.1.4. E-procurement

El *e-procurement* es la automatización de los procesos internos y externos relacionados con el requerimiento, la compra, el suministro, el pago y el control de productos, utilizando la internet como medio principal en la comunicación cliente-proveedor.

Imagen 10. Compras en el comercio electrónico

Compras en el comercio electrónico

Internet
B2B, B2C, B2G, *home page, purchasing h. page, e-mail, CD.*

Tarjetas de compra
Programa de reducción de costos y mejoramiento del desempeño.

Comunicación

Procesos de compras

Evaluación de proveedores

Gerencia de costos

Toma de decisiones

Análisis de mercados

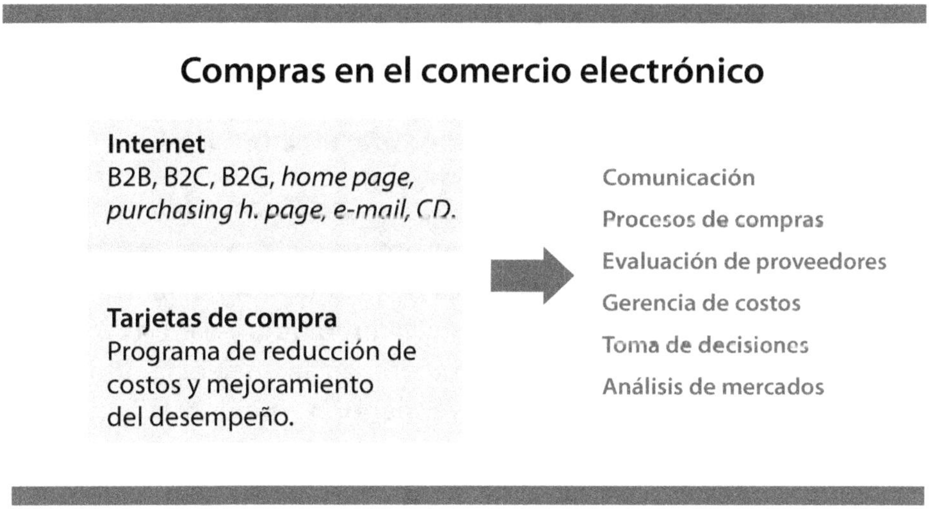

Fuente: High Logistics.

Es una tecnología relacionada con la administración de la cadena de suministro (*supply chain management*). Entre sus principales características se puede mencionar el uso de información de requerimientos, inventarios, material en tránsito, entre otros, desplegados por medio de una página de internet. El flujo de información se realiza en tiempo real y permite conocer los datos al instante, de producirse algún cambio en las variables. Otra ventaja es el acceso desde cualquier punto en el que exista servicio de internet, sin importar las distancias geográficas o estar fuera de las instalaciones de la compañía. Además, cuenta con acceso restringido al personal que previamente ha sido autorizado por el cliente y el proveedor para intercambiar datos; esto es muy importante para salvaguardar la información estratégica de la compañía y cumple con los parámetros establecidos en las relaciones negocio a negocio (B2B).

Las transacciones pueden ser iniciadas y concluidas. En las compras se pueden seleccionar los clientes por volumen de descuentos u ofertas especiales. El *software e-procurement* también hace posible automatizar compras y ventas.

Las organizaciones participantes van a poder controlar las partes del inventario más eficazmente, reduciendo la intervención de intermediarios, como los agentes de venta, y mejorando los ciclos de producción. El sistema *e-procurement* se integra con la cadena de servicios de la empresa y brinda mejoras en eficiencia de procesos; ahorro de tiempo y dinero; impacto directo sobre los beneficios y oportunidades en tareas de valor agregado.

Su utilización posibilita compras y ventas electrónicas automatizadas, con catálogos en línea, órdenes de producción virtuales, incluyendo aprobaciones y manejo de estas. Por lo tanto, el *e-procurement* se convierte en un vehículo para maximizar la eficiencia; unir electrónicamente a compradores con vendedores; mejorar la logística y los inventarios e integrar la cadena de suministro.

Existen seis tipos de *e-procuremet*:

1. **Webs basadas en ERP (*enterprise resource planning*):** se crean y aprueban requerimientos de compra, se ubican órdenes de compra y se reciben mercancías y servicios, mediante el uso de una solución de *software* basada en la tecnología de internet.
2. **E-MRO (mantenimiento, reparación y operación):** es igual que los *websites* basados en ERP, excepto que las mercancías y los servicios ordenados son afines con servicios MRO.

3. *E-sourcing* **(compras y suministro digital):** se identifican los nuevos prestadores para una categoría específica de adquisición, usando la tecnología de internet.

4. *E-tendering* **(información de intercambio entre proveedores):** se envían requerimientos de información y precios a proveedores y se reciben respuestas de los mismos *online.*

5. *E-reverse auctioning* **(subasta inversa):** se usa la web para comprar mercancía y servicios de un número conocido o no de proveedores.

6. *E-informing* **(información en línea de compras):** se agrupa y distribuye información de compra, desde y hacia grupos internos y externos, usando la internet.

Beneficios de inversión

El *e-procurement* de materia prima es considerado por los directivos de compañías de clase mundial como una de las herramientas que proporciona un retorno de inversión (ROI) superior a otros proyectos de tecnologías de la información; generando una significativa reducción de los costos en un período breve después de su implementación. La reducción de los costos es consecuencia de los siguientes factores:

- Disminución en los niveles de inventario.
- Requisición de la materia prima con base en las necesidades reales del cliente.
- Eliminación de los excesos.
- Cumplimiento de los planes de producción.

Reducción de los gastos originados por el transporte de material

La reducción de los gastos se logra al mejorar la comunicación entre el proveedor y el cliente, utilizando la internet para mostrar de una manera gráfica, fácil de entender y en tiempo real el estatus de inventario para cada uno de los números de parte; la proyección de requerimientos; los niveles mínimos y máximos de *stock* establecidos por el cliente; entre otras variables que permiten reducir costos con base en una acertada gestión de inventarios.

3.2. Principios aplicables a las compras y al suministro

Aclarado lo anterior, es prudente citar principios que deben tenerse en cuenta en las áreas de compras y suministro de cualquier empresa, puesto que contribuyen a la eficiencia y eficacia de las mismas:

a. Recuerde no confundir ni etiquetar de forma errónea las respectivas funciones de los departamentos de compras y abastecimiento, dado que, como se observó al inicio de este capítulo, los dos están totalmente diferenciados, aun cuando son complementarios.

b. Si pertenece al departamento de compras o es parte de un equipo de negocios, nunca asista a ninguna rueda o reunión sin datos e indicadores, o con miedo. Aprenda a argumentar con solidez e información actualizada y a apreciar lo que hace.

c. Defina claramente el ciclo de compras a efectuar durante períodos considerables basándose en las proyecciones financieras y comerciales, así como en la capacidad de producción de la compañía, para que las compras puedan ser realizadas de forma automática y simple sin la necesidad de recurrir a compras de emergencia, puesto que es clave recordar que estas son las más costosas.

d. Es necesario establecer un modelo claro y práctico que permita ejecutar una adecuada selección de proveedores. Generalmente, este proceso suele realizarse a través de una ponderación de los mismos según las variables logísticas que inciden directamente en la empresa, con el fin de que se escoja el más integral y se minimicen los problemas operativos.

Imagen 11. Modelo de reabastecimiento

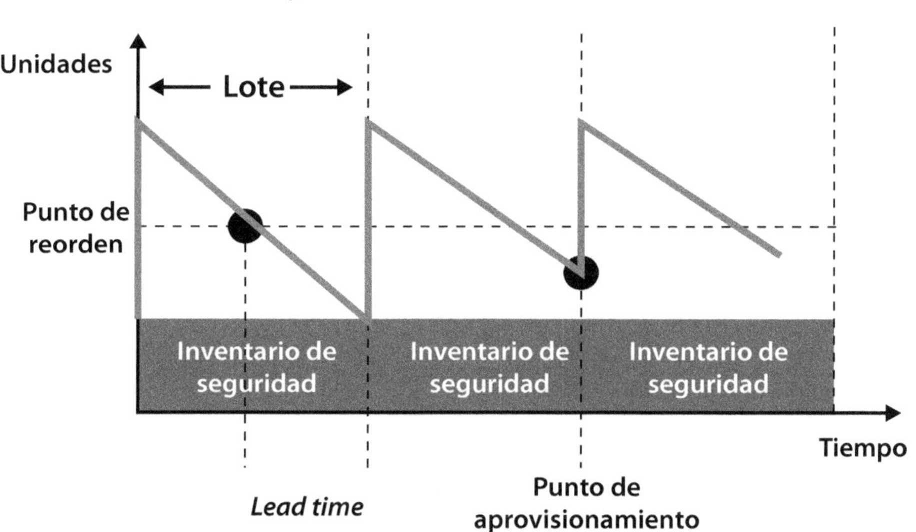

Fuente: elaborado por César Andrés Gómez García.

e. Certifique y audite la labor de sus proveedores de forma periódica y bajo común acuerdo en términos de calidad, niveles de servicio, niveles de cumplimiento y otras variables que se consideren de interés, para que las inconformidades y los correctivos que se formulen se orienten a la mejora continua y al cumplimiento de las políticas de la empresa.

f. Es indispensable considerar las compras globales dado que, con la expansión y el continuo uso de las TIC, el nuevo modelo de economías de escala y el poder de negociación de las empresas con grandes volúmenes de adquisición, se considera acertado comprar en bloque entre varias empresas para obtener mejores descuentos y condiciones con los proveedores nacionales e internacionales.

Imagen 12. Compras y suministro

"Preste mucha atención al proceso de compras y suministro que desarrolla actualmente su empresa, puesto que, como tal, toda actividad es susceptible de mejoras si se consideran los principios listados en este capítulo".

Fuente: Techno Fashion (2014).

g. Se debe incluir el modelo de compras *online* o *e-procurement* dentro de la estrategia de adquisición de recursos, puesto que dentro de los grandes beneficios que otorga se encuentran el hecho de que es posible obtener: acceso a proveedores globales en períodos muy cortos y sin ningún valor, un mejor margen en precios, e incluso menores tiempos de entrega gracias a la rapidez que manejan los operadores logísticos internacionales.

Esquema 4. Proceso general de adquisición y suministro

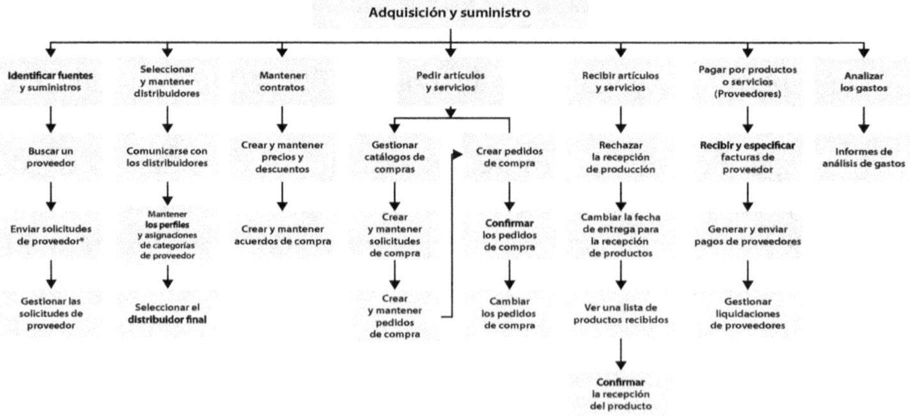

Fuente: Microsoft TechNet (2014).

3.3. Máximas y recomendaciones

a. Considere especialmente el análisis estratégico de las fuentes de suministro, de tal forma que pueda obtenerse una reducción en los costos totales de posesión de materiales y servicios, relocalizando sus plantas de producción cerca a los puertos marítimos y reduciendo los costos de suministro a los proveedores.

b. Recuerde disponer de compradores con experiencia certificada o, en su defecto, con un grupo de asesores o consultores en quienes pueda apoyarse el equipo que conforma dicho departamento, dado que, como se dice popularmente, no todos nacimos para vender o para comprar.

c. Disponga de un tiempo prudencial en su diario laboral para mantenerse informado acerca de las tendencias y noticias destacables de su sector, así se le hará más sencillo identificar segmentos de oportunidad en los que el proceso de compras pueda desarrollarse de una forma más dinámica y ventajosa para su empresa.

Esquema 5. Funciones del departamento de compras

Fuente: Cubillos, O. (2013).

d. Nunca disfrace sus estados de compras mediante la inflación de precios o adquisiciones de dudosa procedencia, puesto que la legalidad de un negocio es la máxima fundamental que toda empresa debe acoplar en su filosofía de trabajo. Por lo tanto, recuerde siempre que en la legalidad se encuentra la prosperidad a largo plazo; en la ilegalidad, dicha prosperidad no superará el mediano plazo.

e. No todas las compras son iguales y, en comparación a los procesos o programas de mantenimiento, las compras anticipadas (mantenimiento preventivo) presentan mejores beneficios en tiempo, calidad y costos para una determinada organización que las compras de emergencia (mantenimiento correctivo). Por esto, uno de los objetivos del equipo que conforma el departamento de compras será disminuir las compras de emergencia o de último minuto.

CAPÍTULO 4

PRINCIPIOS APLICABLES AL CONTROL DE INVENTARIOS

Al igual que en el apartado anterior, es prudencial, previo a la mención de los principios aplicables a este capítulo, tener claros los diferentes tipos de inventario que pueden generarse en la cadena de suministro, según algunos factores claves.

Esquema 6. Tipos de inventario

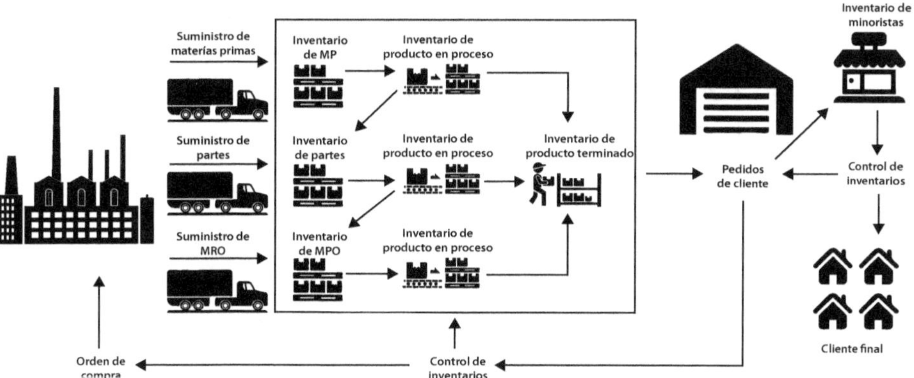

Fuente: elaborado por César Andrés Gómez García.

Clasificación del *stock* según su grado de transformación

- **Materias primas:** materiales empleados para fabricar los diferentes componentes del producto final.

- **Componentes:** secciones o partes que combinadas conforman el producto final.

- **Productos en transformación:** materiales y componentes que ya han iniciado el proceso productivo, con el objeto de fabricar un producto final.

- **Productos semiterminados:** productos que ya han cumplido gran parte del proceso productivo de transformación, pero aún requieren procesamiento adicional para su respectiva venta.

- **Productos terminados:** productos que ya han finalizado su respectivo proceso productivo y se encuentran a la espera de los procesos de empaque, embalaje y comercialización/entrega.

- **Subproductos:** adiciones posteriores que se acoplan o complementan al producto terminado y pueden adquirirse de forma adicional para mejorar o variar el funcionamiento del producto en cuestión.

- **Consumibles:** recursos que, aun cuando sufren una transformación dentro del proceso productivo, no forman parte del producto final.

- **Envase y embalaje:** productos complementarios al producto final, pero cuyas funciones son garantizar el transporte y la seguridad del mismo, así como dar a conocer al consumidor la marca y la información de este.

Esquema 7. Gestión de inventarios en el proceso cerámico

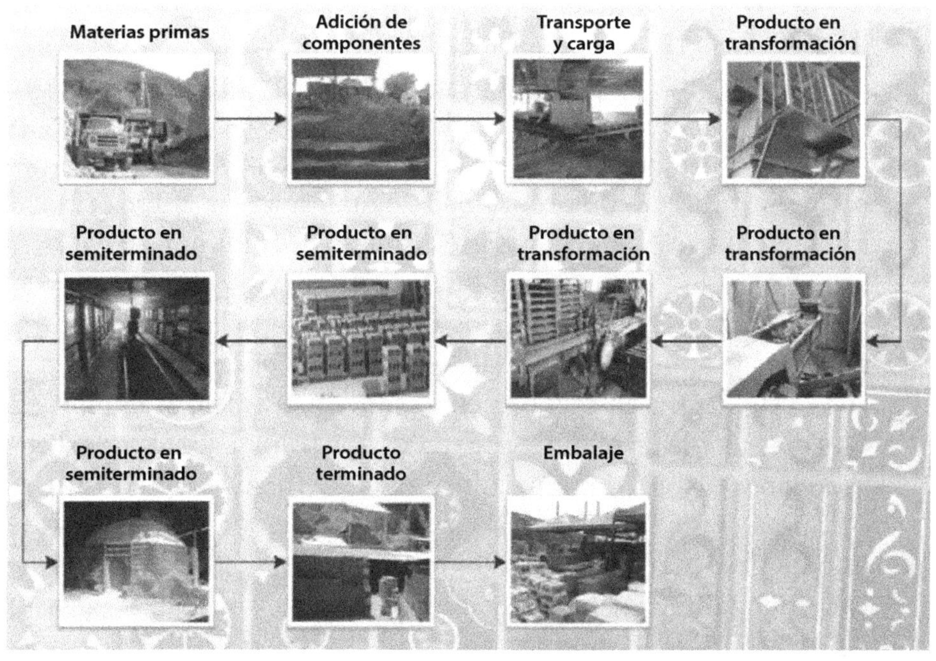

Fuente: Gómez, C. & Soriano, B. (2012).

4.1. Las mejores prácticas en la gestión y el control de inventarios

Funciones y objetivos de los inventarios

Funciones principales:

- Equilibrar la oferta y la demanda.
- Permitir la especialización de la producción.
- Proteger la compañía ante la inseguridad de la demanda y el suministro.
- Actuar como recurso disponible en los diferentes niveles de la cadena de distribución.
- La función básica del *stock* es el desglose. En una empresa manufacturera los inventarios desglosan o separan las actividades de producción, distribución y comercialización.

- Los inventarios de materias primas posibilitan tomar decisiones de producción a corto plazo, independientemente de la venta de materias primas (materiales).
- Los inventarios de materiales en proceso permiten el desglose de las etapas de manufactura. Es decir, estas existencias garantizan que los departamentos de producción operen sin una dependencia directa de programas de manufactura anteriores.
- Los inventarios de artículos terminados posibilitan separar la función fabril y la demanda de los clientes.
- La función de los inventarios no se limita a la manufactura; también se aplica a las ventas al detalle. La clientela espera que en el establecimiento exista el artículo que desea. Si el bien no está disponible en el momento en que se solicita, entonces el comerciante pierde al comprador esa vez e inclusive para futuras compras. Para absorber las fluctuaciones en la demanda y, de esta manera, dar un mejor servicio a la clientela, se necesita que el comerciante conserve existencias.
- Aprovechar las economías de escala. La producción y el transporte de mercancías en altos volúmenes es menos costosa.
- Servir a los clientes. La demanda de los compradores no es 100% predecible, por lo que se requiere de inventario para cubrir las variaciones de los pedidos.
- Suavizar la manufactura y desacoplar los procesos. La demanda estacional se satisface con *stocks*, en lugar de un alto nivel de capacidad.
- Se requiere tiempo para procesar y mover artículos; el inventario de producto en proceso es el resultado.

Objetivos principales:

- Apoyar la rentabilidad de la compañía.
- Disminuir las ventas perdidas.
- Entregar oportunamente.
- Dar un nivel adecuado de servicio con un costo de *stock* en equilibrio.

- Responder ante imprevistos de la demanda y la oferta (amortiguador).

4.1.1. Categorización ABC de los inventarios

El sistema ABC en los inventarios consiste en estructurar o clasificar los productos en tres categorías denominadas A, B y C, apoyándose en el principio según el cual, generalmente, los productos siguen una distribución parecida a la realizada por Pareto (2005) con las rentas de los individuos. Dicho argumento es: alrededor del 20% del número de los artículos en *stock* representan cerca del 80% del valor total de ese inventario.

Imagen 13. Esquema de un ABC

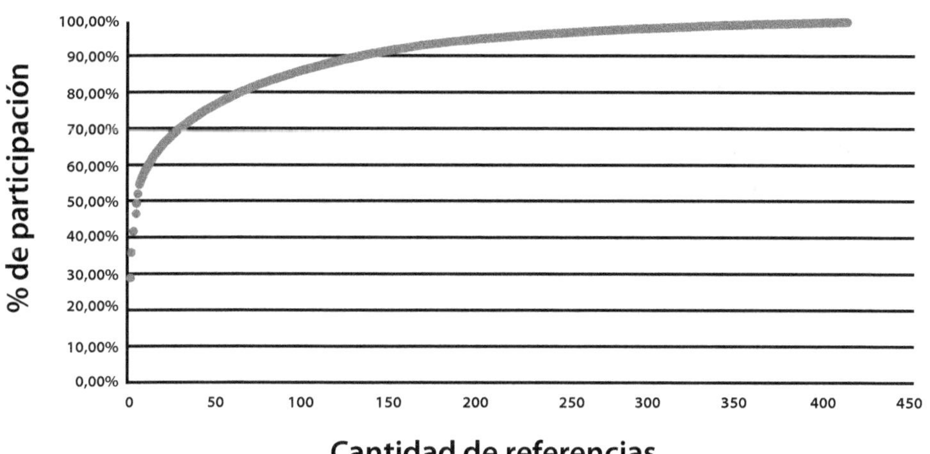

Fuente: elaboración propia.

Cada una de estas categorías tiene sus propias características. Veamos algunas de ellas:

Productos tipo A

1. Representan un porcentaje pequeño en términos de unidades físicas, respecto al total de los artículos movilizados.
2. Constituyen la mayor parte del capital movilizado. Dicho capital se recupera más fácilmente y genera gran parte del beneficio del negocio.
3. Generalmente, son más rentables.
4. Nunca deberían presentar agotados, puesto que requieren un nivel de servicio superior al 99%.
5. Su nivel de inventario suele ser alto, pero justificable.
6. El costo de venta es menor, comparado con el de los tipos de productos B y C.
7. Son bienes de alta rotación y, generalmente, su demanda es más fácil de predecir.
8. Su proceso productivo está más estandarizado.
9. Los proveedores de estos artículos están más desarrollados.

Productos tipo B

1. Tienen una representación mediana, en términos de unidades físicas con relación al total.
2. Poseen el segundo valor en cuanto a capital movilizado. Su tratamiento es intermedio, es decir, sin una gran inversión, pero con un cuidado razonable.
3. Tienen una rentabilidad intermedia.
4. Su nivel de inventario suele ser un término medio.
5. Son bienes con una rotación media.
6. Su demanda no es tan acertada cuando se trata de pronosticarla.
7. Presentan un costo de venta intermedio, comparados con los productos A y C.

Productos tipo C

1. Este grupo representa un alto porcentaje en cuanto a unidades físicas movilizadas con relación al total.
2. Es el grupo que menos capital moviliza con respecto a la inversión total.

3. Tienen una rentabilidad inferior y su manejo no es muy exigente.
4. Son los productos con más baja rotación.
5. Es normal tener pocas unidades de estos artículos en el *stock*.
6. Los pronósticos son poco útiles a la hora de estimar la demanda de este tipo de referencias.
7. Presentan el mayor costo de venta, comparados con los productos A y B.
8. Son candidatos a convertirse en bienes obsoletos.
9. Representan un alto costo de mantenimiento para la empresa.

La clasificación ABC de un grupo de productos se puede llevar a cabo desde diferentes puntos de vista según:

1. La demanda.
2. El costo.
3. La rentabilidad.
4. Las ventas.
5. El significado estratégico de cada producto para la compañía, entre otras alternativas.

En este proceso es fundamental mantener clasificados los productos y los clientes para establecer un tratamiento diferencial y orientar mejor a la fuerza de ventas. Además, la clasificación, en todos los casos, debe hacerse periódicamente, dado que los bienes pueden ir cambiando su comportamiento con el tiempo y así, por ejemplo, un producto B puede convertirse en uno A o C y viceversa.

Principio del ABC

El aporte de la clasificación a la rotación total es igual a su contribución a las ventas, de forma que:

1. Los ítems A contribuyen con el 80% de las ventas y con el 80% de la rotación de total de los inventarios.
2. Los ítems B contribuyen con el 15% de las ventas y con el 15% de la rotación de total de los inventarios.

3. Los ítems C contribuyen con el 5% de las ventas y con el 5% de la rotación de total de los inventarios.

Como complemento al análisis ABC es posible incluir los conceptos de rentabilidad y variabilidad que tiene cada producto de la organización, de tal forma que se puedan construir los escategramas de demanda y rentabilidad como herramientas adicionales para la categorización de ítems y el análisis de la continuidad de los productos.

4.1.2. VMI

El VMI es una estrategia de la industria en la que detallistas, distribuidores y proveedores trabajan conjuntamente para eliminar costos excesivos de la cadena de suministro y brindar un mejor valor agregado al consumidor final. Se enfoca en la eficiencia del sistema de suministro, no en la eficiencia de los componentes individuales y se reducen los costos del sistema, inventarios y recursos, a la vez que se pone a disposición de los consumidores un producto con mejor valor, calidad y frescura (Mora García, 2009).

4.1.3. CPFR (collaborative planning, forecasting and replenishment - planificación participativa, pronóstico y reabastecimiento)

En el modelo de gestión CPFR, los integrantes de la cadena de suministro colaboran en la elaboración de las perspectivas de ventas y los planes de reabastecimiento, con el fin de tener un enfoque más amplio y preciso de la demanda prevista y futura. Permite reducir los niveles de existencias debido a que se basa en datos reales para pronosticar las ventas necesarias —creando patrones de conducta del cliente— y satisfacer las necesidades de la demanda, lo cual mejora la tasa de servicio frente al cliente final. En general, el CPFR proporciona a la empresa una plataforma clara para llevar a cabo el reabastecimiento de una manera planeada y en consenso.

Implementando el CPFR, la empresa puede incrementar las ventas debido a que, gracias a los pronósticos y al conocimiento de la necesidad del cliente, en los puntos de venta siempre va a haber lo que se demanda.

La misión del CPFR es crear relaciones de carácter colaborativo en el marco de una filosofía ganar-ganar entre proveedores y clientes, a través de planes de negocio conjuntos e intercambio de información.

Imagen 14. Modelo CPFR

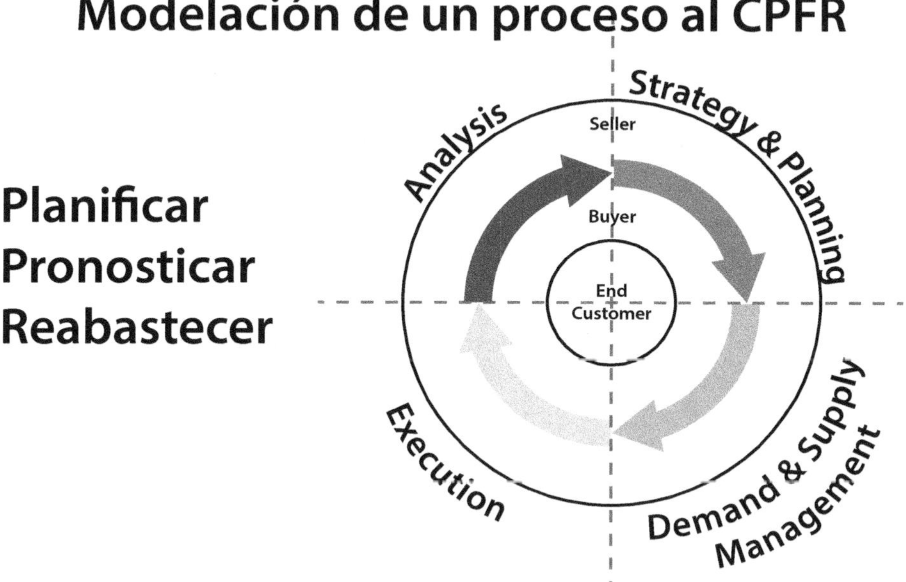

Este modelo ha sido implementado por empresas como Corona, multinacional líder en el sector remodelación y construcción y un fuerte competidor en otros países. Corona utiliza este modelo de colaboración debido a que centra sus esfuerzos en optimizar la cadena de suministro, a través de estrategias de colaboración con sus socios comerciales, para aumentar las ventas, la rentabilidad y la disponibilidad de inventarios. El modelo CPFR permite analizar el comportamiento de las compras y sincronizar la cadena de suministro en toda la región.

Por su parte, en Motorola, debido a que los ciclos de los teléfonos móviles son muy cortos, la obsolescencia del inventario llega con rapidez. La compañía necesita enfrentar este reto y superarlo, por esta razón usa el CPFR, identificando el número de modelos para hacer y poder vender, con el objetivo de reducir el inventario obsoleto. Antes de aplicarse el modelo, la predicción de la demanda no estaba sincronizada con la demanda del cliente. Motorola implementó el CPFR en el año 2001 para reducir el error de predicción, reducir inventario del canal y mejorar la entrega a tiempo.

4.1.4. JIT (just in time - justo a tiempo)

Hoy en día, las empresas trabajan conforme a la calidad del producto al menor costo posible y al menor desperdicio de materia prima.

El sistema de producción JIT fue desarrollado por la empresa japonesa Toyota Motor Corporation y adoptado por muchas empresas en Europa y Estados Unidos a principio de los años 80. Este método elimina los elementos innecesarios, con el fin de incrementar los beneficios mediante la reducción de costos. Su idea radica en solo producir lo que se necesita, en el momento adecuado y en las cantidades requeridas en cada caso.

La política del sistema se enfoca en cinco ceros:

1. **Cero defectos:** los defectos causan exceso de costos e irregularidades que acaban traduciéndose en *stocks*. Uno de los planteamientos del JIT es hacer las cosas bien a la primera, con ello se consigue la calidad deseada y la reducción de costos por concepto de no despilfarrar materiales, ahorrar energía y horas de proceso hombre-máquina, al no tener que repetir las tareas.
2. **Cero averías:** las averías proporcionan retrasos en la producción y son una de las causas de que se mantengan *stocks*.
3. **Cero *stocks*:** debido a que suponen tener inmovilizados recursos monetarios, los *stocks* se traducen en un costo para la empresa. Además, ocupan espacio y requieren vigilancia.
4. **Cero plazos:** busca brindar un excelente servicio al cliente y evitar que se acumule *stock* en algún tramo del conjunto logístico.

El tramo de entrega es, junto al precio y la calidad, una de las variables competitivas de los productos de la empresa.

5. **Cero papeles:** consiste en la búsqueda de la simplicidad, eliminando la burocracia y manejando la información a través de medios informáticos.

El JIT apunta a producir productos de calidad al más bajo costo posible y de manera eficiente. Para lograrlo, se programa una secuencia de producción equilibrada y se minimizan los *stocks*.

Imagen 15. Justo a tiempo

El JIT se basa en tres principios:

1. **Sistema *pull*:** solicitar las piezas que se necesitan, cuando se necesitan y en la cantidad exacta requerida.
2. **Flujo continuo:** eliminación rápida y definitiva de los problemas que detienen la línea de producción.
3. **El *takt time*:** velocidad constante y sincronizada requerida entre las líneas de producción.

El caso Dell

El modelo directo Dell era un eficiente sistema de distribución "hecho-a-pedido" de alta velocidad y bajo costo, caracterizado por relaciones directas con el cliente, manufactura de fabricación a pedido y productos y servicios enfocados en segmentos específicos del mercado.

Este sistema se volvió un modelo de eficiencia para la industria. El proceso entero de recepción de pedido a envío de producto requería solo de 36 horas. Las partes ingresantes eran jaladas a través del sistema y ordenadas en un criterio JIT, con el modelo directo de Dell operando a 13 días de inventario, versus los 75 a 100 días en el modelo indirecto típico. Esta era una mejora sobre el anterior estándar de Dell de 30 días de inventario de componentes, con los proveedores llevando un *stock* de reserva de 45 a 60 días. Incluso, cuando la planta fue diseñada, una extensa área fue destinada al almacenamiento de partes, pero seis meses después de que la planta abrió, Dell planeó convertir mucho del área en espacio de producción, agregando una línea adicional a las cuatro ya en operación. La habilidad de Dell para operar con base en la metodología JIT fue facilitada por sus proveedores, quienes almacenaban sus componentes a solo 15 minutos alrededor de su fábrica. Dell ha sido capaz de alcanzar estos acuerdos reduciendo el número de proveedores, comprando solo 47 compañías, en vez de las 204 que había comprado en 1992.

Michael Dell explica:

> Nosotros fuimos los primeros en introducir el concepto de construcción-a-pedido en la industria de la PC. Nosotros también fuimos los primeros en introducir el servicio *on site*. Sabemos que nuestros clientes corporativos y clientes individuales experimentados tenían necesidades que no eran cubiertas por el tradicional canal de venta minorista (Dinero en Imagen, 2016).

4.1.5. TOC (theory of constraints - teoría de las restricciones)

La teoría de las restricciones fue descrita por primera vez por Eliyahu Goldratt (1983) al principio de los años 80 y, desde entonces, ha sido ampliamente utilizada en la industria: es un conjunto de procesos de pensamiento que usa la lógica de la causa y efecto, con el fin de entender lo que sucede y encontrar maneras de mejorar. Está basada en el simple hecho de que los procesos multitarea, de cualquier ámbito, solo se mueven a la velocidad del paso más lento. La manera de acelerar el proceso es utilizar un catalizador y lograr que trabaje hasta el límite de su capacidad para acelerar el proceso completo. La teoría enfatiza los hallazgos y los apoyos del principal factor limitante. En la descripción de esta teoría estos factores limitantes se denominan restricciones o "cuellos de botella".

Por supuesto, las restricciones pueden ser un individuo, un equipo, una pieza de un aparato, la política local o la ausencia de alguna herramienta.

La meta de cualquier empresa con fines de lucro es ganar dinero de forma sostenida, esto es, satisfaciendo las necesidades de los clientes, empleados y accionistas. Si no gana una cantidad ilimitada, es porque algo se lo está impidiendo: sus restricciones.

Contrariamente a lo que parece, en las empresas existen solo unas pocas restricciones que les impiden ganar más dinero. Restricción no es sinónimo de recurso escaso. Es imposible tener una cantidad infinita de recursos. Las restricciones, es decir, lo que le impide a una organización alcanzar su más alto desempeño en relación a su meta, son, generalmente, criterios de decisión erróneos.

En este sentido, se puede señalar que la TOC se está aplicando con éxito en muchos países y en todos los aspectos de la actividad empresarial: operaciones (bienes y servicios), *supply chain management*, gestión de proyectos, toma de decisiones, *marketing* y ventas, gestión estratégica y recursos humanos.

No cabe la menor duda de que con la identificación y una adecuada gestión de las restricciones se consiguen mejoras significativas en poco tiempo. Como proceso, la TOC se estructura en pasos iterativos enfocados a la restricción del sistema.

4.2. Principios aplicables al control de los inventarios o *stocks*

A continuación, se enumeran una serie de principios que debe ser considerada para la correcta gestión de los inventarios dentro de una empresa:

a. Se debe considerar la relación existente entre el nivel de inventario y el nivel de servicio ofrecido a los clientes. Si se posee un nivel de servicio del 95% en conjunto y, en el futuro, se desea incrementar el nivel de servicio en casi el 100% (poco factible), muy probablemente se deberá prácticamente doblar el valor de inventario, puesto que se requiere de un mayor nivel. Por ende, aunque mejoren sus indicadores de servicio, sus indicadores financieros se castigan como resultado.

b. Es clave identificar de forma clara el valor o costo que representa el manejo de los inventarios para la empresa, el cual, generalmente, es cercano al 30% de los costos logísticos y se deriva del costo de capital, el costo del espacio de almacenamiento, los cargos por manejo, los robos, los daños, la depreciación del producto, entre otros.

c. Siempre se deben categorizar los procesos de compras, inventarios y almacenamiento en formato ABC para identificar los proveedores, productos y sitios de almacenamiento que ayuden a mejorar la gestión logística de optimización de estas actividades.

Imagen 16. Esquema del modelo de clasificación ABC

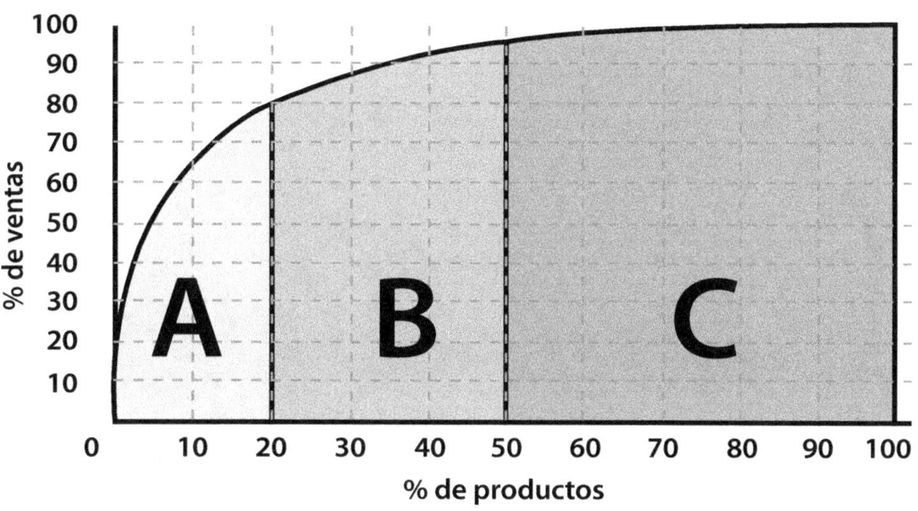

Fuente: elaborado por César Andrés Gómez García.

d. Además de las variables tradicionales empleadas para la categorización ABC de inventarios en la mayoría de las empresas, es recomendable considerar otras variables importantes como las condiciones internas (criticidad y estratégicos) y los costos de adquisición y rentabilidad (escategrama de la demanda), de modo que puedan identificarse los artículos triple A y triple C.

e. La relocalización es un tema clave, pero que tarde o temprano afecta a las empresas maduras y en constante crecimiento, de allí la importancia de que los líderes de proceso identifiquen la necesidad geográfica de edificar los almacenes de materia prima y repuestos contiguos a la planta de producción o en puntos estratégicos, con el fin de reducir desplazamientos de materiales, así como disminuir los espacios y los tiempos de movilización dentro de las instalaciones físicas.

Imagen 17. Escategrama de la demanda

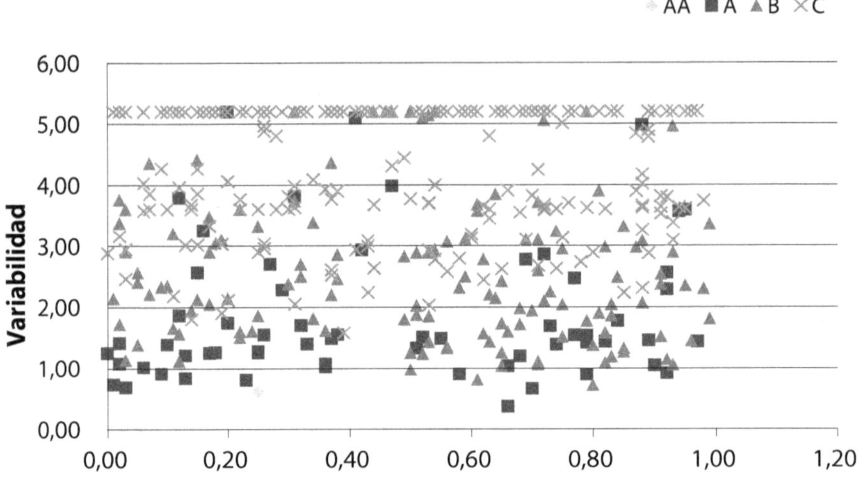

Fuente: elaboración propia.

f. Considerar los costos de oportunidad de inventarios es una tarea de suma importancia, puesto que los productos con largos períodos de almacenamiento y de baja rotación causan costos de oportunidad, los cuales no son más que los costos financieros en los que se incurre cuando la mercancía permanece inmóvil dentro de la empresa.

g. Si se maneja más de un almacén para inventario, es vital que estos estén interconectados mediante un sistema de información ágil e intuitiva, el cual permita conocer en cualquier momento y lugar el nivel de existencias en cada uno, de modo que sea posible el intercambio de existencias y el ajuste de *stocks*.

h. Si un producto es de alta rotación, su *stock* asociado debe ser elevado, aproximadamente, en un 20% para aumentar su nivel de servicio y garantizar que no se presenten agotados en su demanda por su alta contribución en las ventas de las empresas.

i. No todos los productos de baja rotación son poco rentables. Existen empresas en las que la venta de algunos productos categoría C, o de muy baja rotación, impactan positiva y considerablemente en los índices financieros por su gran margen de contribución.

j. Se sugiere que la codificación empleada para la identificación de inventarios sea nemotécnica. Es decir, con una nomenclatura que identifique las categorías, familias, subfamilias y códigos de cada línea de mercancía, y que estas sean correlacionadas y coherentes para su fácil memorización y uso en las funciones de asignación de codificación de los inventarios y los sitios de almacenamiento.

Imagen 18. Código QR y código de barras

Fuente: Código QR. Recuperado de https://es.wikipedia.org/wiki/C%C3%B3digo_QR - Código de barras. Recuperado de http://www.monografias.com/trabajos42/codigo-de-barras/codigo-de-barras3.shtml

k. El trabajo en las áreas clave de control debe ser ejecutado por gente de confianza, ya que, como dice el refrán, "más vale pájaro en mano que cien volando".

l. Ejecutar pronósticos acertados de la posible demanda basándose en los datos históricos es una muy buena práctica, la cual debe complementarse con las tendencias del mercado y el trabajo de la competencia.

m. Un inventario agotado es sinónimo de pérdidas de clientes reales y potenciales, así como de un deterioro de la imagen empresarial, por lo tanto, deben garantizarse *stocks* óptimos, que garanticen un buen nivel de servicio a los clientes y la segmentación del manejo de los productos en categorización ABC.

4.3. Máximas y recomendaciones

a. El manejo de los inventarios debe ser en línea para las empresas que posean un gran número de almacenes. De esta forma, se puede equilibrar la gestión de inventarios interna mediante el intercambio de información, llamado "visibilidad", y la dinámica que se presenta diariamente.

b. En la dinámica de los negocios y mercados actuales, los cuales son de alta competitividad, se puede presentar el siguiente perfil de los productos en su rentabilidad empresarial:

   » El 30% de los productos del inventario van perdiendo costo de oportunidad.

   » El 30% de los productos del inventario generan rentabilidad, pero es tan baja que apenas cubre los costos de capital para financiar los activos.

   » El 25% de los productos del inventario pueden estar en puntos de equilibrio.

   » El 15% de los productos del inventario representan las ganancias.

c. El *stock* de seguridad se calcula sobre las desviaciones de la demanda y del tiempo de entrega de proveedor. Es el nivel de inventarios que nos protege de la incertidumbre y variabilidad de los mercados y los cumplimientos de los proveedores. Por esto, se debe aplicar según la categoría ABC de rotación de los productos.

d. Considere los costos de oportunidad de inventarios, dado que los productos con largos períodos de almacenamiento causan costos de oportunidad, los cuales no son más que los costos financieros en los que se incurre cuando la mercancía permanece inmóvil y sin rotación dentro de la empresa, lo cual genera una disminución de la liquidez y del flujo de caja de las empresas.

e. Todo inventario tiende a expandirse al espacio total del que se dispone para almacenamiento, por lo que muchas empresas tienden a cometer el error de tomar la opción más sencilla (construir un almacén más grande) y no ejecutan un programa de reducción o mantenimiento del tamaño apropiado del inventario.

f. En el área logística, para la realización de cálculos adecuados relacionados con la capacidad y los niveles de inventario, se acostumbra a utilizar, por experiencia, de 20% a 30% de holgura sobre los resultados obtenidos, con el fin de que se pueda actuar ante imprevistos del mercado.

g. Es necesario diferenciar los productos lo más cerca posible de los clientes y acelerar su ritmo de transformación a lo largo de la cadena de suministro.

Imagen 19. Comparación entre los sistemas *pull* y *push*

Fuente: Sistemas de fabricación y reposición *pull* (2015).

CAPÍTULO 5

GESTIÓN DE CENTROS DE DISTRIBUCIÓN Y ALMACENES

Al igual que en el capítulo anterior, en el cual se estableció la diferencia entre los procesos de compras y suministro, aquí se brindan sencillas definiciones de almacén y centros de distribución, conceptos que a menudo son empleados sin que se posea un conocimiento claro sobre ellos.

- **Almacén:** hace referencia a toda aquella estructura o espacio físico empleado única y exclusivamente, como sus raíces etimológicas lo indican, para "guardar" o "conservar" temporalmente bienes y subproductos que circulan en la cadena de abastecimiento.
- **Centros de distribución:** aunque son empleados con el objetivo de almacenar provisionalmente ciertos bienes de la cadena de suministro, estos centros gozan de una infraestructura física y tecnológica más robusta que la de un almacén, dado que constituyen un puente directo de transición entre los productores y los clientes, mayoristas o minoristas, de allí que se encuentren ubicados en puntos estratégicos.

Imagen 20. Centros de distribución

Fuente: Archivos de logística de High Logistics Institute..

5.1. Las mejores prácticas en las operaciones de los centros de distribución

Un almacén puede definirse como un espacio diseñado para ubicar, mantener y manipular mercancías y materiales. Dentro de esta definición hay dos funciones predominantes: el almacenaje y el manejo de materiales. El papel que tiene un almacén en el ciclo de suministro de la empresa depende de la naturaleza de la misma. En algunas ocasiones, será un punto de paso donde se descompone el flujo de materiales, conformado por unidades de empaque, para despachar las cantidades que necesitan los clientes. En este caso, el almacenaje no tiene tanta relevancia como el manejo de materiales.

Como punto de partida, es necesario entender que las actividades físicas desarrolladas durante el proceso de almacenaje son:

1. Recepción.
2. Almacenaje.
3. Preparación de pedidos.
4. Expedición.

Imagen 21. Recepción de mercancías

Fuente: Archivos de logística de High Logistics Institute.

Funciones y objetivos de los centros de distribución

En el almacenaje, aplicado a la gestión moderna de los centros de distribución, se destacan tres grandes funciones:

1. **Minimizar el costo total de la operación**: para lograr este objetivo, la persona responsable del almacén debe considerar los tres elementos principales que constituyen el centro de distribución: la mano de obra, el espacio y el equipo; los cuales reflejan el costo total de la operación (almacenaje y acopio) y, en consecuencia, su nivel de utilización y la manera como cada uno de ellos puede ser intercambiado (*trade off*) con otros.

2. **Suministrar los niveles adecuados de servicio**: el nivel de servicio que se proporciona a los clientes estará determinado por la eficacia y la eficiencia de los procedimientos utilizados en la recepción, el almacenamiento y el despacho de productos. En términos sencillos, el fin del almacenaje es lograr la mejor combinación entre:

- Maximización del espacio en volumen.
- Maximización del uso de los equipos.
- Maximización del acceso a los materiales y mercancías.
- Maximización de la salvaguardia de los materiales y mercancías.
- Maximización del uso de la mano de obra.

Relacionando estas cinco amplias premisas con el fin básico de costo y servicio, los objetivos de la gestión de almacenes pueden resumirse así:

a. Lograr que el movimiento diario de bienes que entran y salen de la compañía esté estrictamente de acuerdo con las necesidades de compras y despachos.

b. Mantener los *stocks* previstos de materiales y mercancías al mínimo costo, de acuerdo con los criterios de la organización y los recursos financieros disponibles.

c. Controlar perfectamente los inventarios, la facturación y los pedidos.

3. **Complementar los procesos productivos**: uno de los roles principales del almacenaje es servir como complemento a los procesos productivos, manteniendo la continuidad en dichas operaciones y garantizando la permanencia de las condiciones y características propias de los productos, tales como: temperatura, consistencia, etc. Entre las aplicaciones más comunes de esta función encontramos:

- Productos que requieren maduración.
- Artículos que necesitan refrigeración o congelación temporal.
- Bienes que requieren de reposo entre distintas fases del proceso productivo.

5.2. Principios del almacenaje

Los siete principios siguientes están dados para permitir una operación eficiente, tanto en costos como en tiempos de ejecución y calidad de los procesos:

Imagen 22. Almacenaje de mercancías

Fuente: Biblioteca del High Logistics Institute (2010).

1. La unidad más grande

El movimiento de productos debe hacerse en la mayor cantidad posible; esto implica:

- Cargas paletizadas.
- Unidades de manejo homogéneas.
- Métodos de manipulación estandarizados.

A medida que la cantidad movilizada es más grande, hay menor número de movimientos, lo que brinda beneficios como:

- Menor costo en personal.
- Menor costo en equipos.
- Mayor control sobre los inventarios.

2. La ruta más corta

Los recorridos constituyen el mayor componente de costo por mano de obra, el cual, usualmente, asciende al 80% del total de este. Por ello se requieren:

- Menores distancias en los procesos más frecuentes.

- Tiempos de operación cortos; mayor rendimiento del recurso.

Esto permitirá reducir los costos operativos de los equipos en rubros como:

- Menor uso de combustible o baterías.
- Menor desgaste de las bandas transportadoras.
- Menor gasto de mantenimiento.

3. El espacio más pequeño

Este principio posibilita una reducción en el costo de almacenaje. En la medida en que se logre una mayor rotación del *stock*, menores serán las áreas requeridas para el almacenamiento; redundando así en menores inversiones en edificios o arrendamientos.

El aprovechamiento del área disponible se puede lograr con la aplicación de los siguientes elementos:

- Procesos más simples.
- Distancias cortas.
- Control sobre los agotados y las devoluciones.

4. El tiempo más corto

En el interior de un almacén o centro de distribución, el tiempo empleado en los procesos debe ser el más breve posible; sin perder de vista el cumplimiento de las políticas de servicio de la compañía y sin dejar de lado la calidad de los productos y mercancías manipuladas ni de las operaciones.

Para esto se requiere contar con:

- Procesos estandarizados.
- Personal capacitado.
- Claridad en las políticas y los procedimientos de servicio.
- Reducción de los tiempos muertos y ociosos.
- Planificación de los recursos necesarios (personal, equipos, etc.).

5. El mínimo número de manipulaciones

Esta premisa está planteada en función de salvaguardar los bienes y mercancías, manteniendo los estándares de calidad exigidos por el medio, los clientes y los organismos de control. Lo anterior se evidencia en un menor costo por averías. Se requiere que cada manipulación agregue valor al producto ofrecido, lo que implica:

- Menores tiempos en los procesos.
- Mayor continuidad en el flujo de los materiales.
- Altos estándares de procesos.

6. Agrupar y recolectar

Este principio significa el manejo conjunto de productos y procesos similares, en el que se crean grupos diferenciados de artículos y zonas específicas de operaciones, posibilitando una reducción de costos, debido a la reducción de los tiempos muertos por búsquedas innecesarias de bienes en esquemas de almacenamiento generalizado. Para la agrupación, se deben tener en cuenta las siguientes variables:

- Condiciones similares de conservación de productos.
- Rangos iguales o equivalentes (en alto grado) de peso o dimensiones.
- Mercancías con características especiales (de alto valor).

7. Línea equilibrada

Este principio invita a realizar actividades secuenciales, evitando los inventarios en espera; maximizando el flujo general de materiales a lo largo de la cadena de suministro; trabajando las actividades "cuello de botella"; y reduciendo el desaprovechamiento de la capacidad máxima de las actividades y los procesos más rápidos.

Esto requiere de una integración total entre las áreas de la organización. Para conseguirlo, es necesario dimensionar la estructura organizacional y operativa de la compañía, con el fin de encontrar puntos y actividades claves para el inicio de un proceso de mejoramiento continuo.

5.3. El futuro de los centros de distribución de clase mundial

Imagen 23. Centros de distribución autoportantes

Fuente: cortesía de la empresa Farmazona de Panamá.

- Los almacenes del futuro serán manejados por robots que realizarán las labores que actualmente ejecutan los operarios; complejos sistemas de información asignarán las tareas más sencillas y difíciles para automatizar la operación logística de los almacenes.
- El abastecimiento continuo cambiará la distribución interior de los almacenes, dedicando menos espacio a las existencias y más a los bienes que incrementan el valor de la mercancía.

- Los proveedores acabarán acordando unas normas para los controles y protocolos de comunicación e interfaces, que simplificarán la integración con otros sistemas de almacenamiento y recogida de datos.
- El cambio demográfico de los almacenes, con una combinación diferente de la mano de obra, provocará la creación de nuevos equipos e interfaces de usuarios para adaptarlas a sus características.
- Consolidación del sector; alianzas o funciones de sistemas de gestión de almacenes (*warehouse management system*, WMS) con proveedores de conglomerados empresariales.
- Internet seguirá definiendo las relaciones comerciales, la infraestructura logística y los sistemas que soportarán todo el conjunto.
- Las simbologías bidimensionales, los lectores rápidos de caracteres, las económicas etiquetas RFID (*radio frequency identification*) y las tarjetas inteligentes llevarán la delantera en los programas de inversión de las compañías.
- Los sistemas de introducción y obtención de datos por activación vocal jugarán un rol cada vez más importante.

5.4. Cómo mejorar la productividad en los centros de distribución

La compañía debe seguir el modelo de cultura "esbelta" para ser productiva, dice Ernesto Donnadieu en su artículo *Cómo mejorar la logística de su empresa*; el sistema consiste en una mejor capacitación del personal y mayor organización del trabajo. El artículo se transcribe a continuación:

> La clave para ofrecer al cliente valor de largo plazo y **buen rendimiento a nivel empresarial** —trimestre tras trimestre y año tras año— **es implementar una cultura esbelta (*lean*),** es decir, de alta eficiencia en la red de logística.
>
> Las prácticas esbeltas mejoran la calidad y la productividad, pues revelan los aspectos de costo y desecho en todas las facetas de la operación: desde la compra de materia prima, hasta el envío de

producto terminado. En una cultura esbelta, todo paso del proceso tiene la obligación de agregarle valor al cliente - y cuando éste no cumple con dicha premisa, es un paso que debe eliminarse.

En el ámbito de la cadena de suministro, una cultura esbelta se presta a **ofrecer grandes recompensas**, pero apegarse a este tipo de estrategias implica realizar un gran compromiso.

Lo bueno es que un cambio hacia este tipo de filosofía en la operación no quiere decir que se tenga que realizar toda una reingeniería.

Existe la posibilidad de trabajar con un socio de servicios de logística para obtener **ganancias constantes y graduales,** tanto en calidad como en eficiencia. Un socio externo de logística, o 3PL adecuado puede impulsar la transformación de una empresa hacia una organización realmente ágil.

El mejor camino: la estandarización

Una de las características de un centro de distribución esbelto es la estandarización. En una instalación así, todo el personal está capacitado y listo para seguir lo que ya es una mejor práctica.

La empresa se da a la tarea de registrar sus procesos y de capacitar a todas las personas que las llevan a cabo, sin importar quien ejecuta el proceso, los pasos que se siguen son los mismos.

Y es que la estandarización ofrece varias ventajas. En primera instancia, permite **calcular con facilidad cuánto tiempo y recursos se necesitan para completar una tarea.**

Por ejemplo, si un cliente pone un pedido especial de urgencia, no hay necesidad de sacar a las mejores personas de sus tareas habituales para cumplir con ese pedido, ya que todos están capacitados para hacerlo bien y rápido. Así, hacer un estimado de lo que se necesita para **cumplir con algún pedido se convierte en un simple cálculo.**

También, **la estandarización provee el fundamento para la mejora continua.** Si todos siguen un procedimiento estándar, una vez que se ha descubierto cierta mejora para un proceso, todos los participantes reciben la capacitación para esa mejora y **los beneficios se llegan a multiplicar entre todos**, en vez de que sea solo uno el que lo entienda y lo mejore.

El manejo visual

Imagen 24. Metodología de trabajo en almacenes: visual workshop

Fuente: Biblioteca de High Logistics Group de Colombia.

Existen señales, símbolos, códigos por color y otros tipos de herramientas que hacen que una instalación se "comunique" con la gente que trabaja en ella. Todos sirven para informar al personal acerca de cómo llevar a cabo su labor, les marcan su progreso, indican dónde se ubican las herramientas necesarias y **señalan todo tipo de condiciones que sirven para concretar una tarea.**

El buen manejo visual garantiza que quien requiera de información, la tenga a la mano. No se necesita sacar el reporte de una computadora o buscar al experto en ese tema en particular para resolver una pregunta.

Un ejemplo de un elemento visual puede ser una pantalla LCD donde se controle cómo está progresando el trabajador en la tarea de *licking* (proceso en el que se recoge el material, extrayendo unidades de un empaque superior que contiene más unidades que las que se toman). Tal vez sea un cono verde sobre una pila de palés para señalar que ya están listos para subir al camión, o uno amarillo que indique que todavía falta revisarlos para cumplir con aspectos de calidad.

El control visual puede ser también **una línea de colores en el suelo** que indique la ruta a seguir cuando se recibe material en el muelle de recepción. La idea es mostrarle a los auxiliares de logística de forma ilustrativa que se pueden asociar los colores a los meses del año para el control de los inventarios y la trazabilidad interna.

Ya en el piso del almacén, por ejemplo, el líder del equipo revisa periódicamente que el trabajador esté guardando bien el producto. Luego, al supervisor le toca revisar la auditoría para ver que el líder del equipo no se haya equivocado. Posteriormente, al gerente le toca ver que el supervisor a su vez haya auditado todo bien.

Imagen 25. Ubicación de la basura en almacenes. Metodología visual *workshop*

TRASH

Fuente: Biblioteca de High Logistics Group de Colombia.

La administración según la demanda del cliente

Una instalación esbelta no se hace más productiva por exigirle más al personal, sino que **adapta sus recursos y establece un ritmo constante** para producir con exactitud lo que el cliente necesita a diario.

Tomemos el caso de un cliente que necesita 12.000 piezas el lunes, pero únicamente 4.000 el martes. Si se asigna **la misma cantidad de** *pickers* **para realizar el trabajo en ambos días,** y si se les da la indicación de trabajar al mismo ritmo, se genera un **desperdicio.**

Puede que el equipo tenga que trabajar más rápido para cumplir con la meta los lunes, ya que es el día que pueden darse más errores. Ya para el martes, posiblemente terminan antes y pasan las dos últimas horas del turno sin trabajo alguno.

En una instalación esbelta, se opera de otra manera. Cuando **la planificación se adapta a las señales de demanda del cliente,** se puede asignar con toda exactitud el personal y las herramientas necesarias para un cierto trabajo y establecer el ritmo adecuado.

Cuando se trabaja de forma más inteligente, **la compañía puede ofrecer exactamente lo que su cliente requiere,** a la vez que se capta el máximo valor de sus recursos.

El trabajo estandarizado

El trabajo estandarizado es una descripción por escrito de la única manera aceptable de llevar a cabo cierta tarea.

Aunque la compañía siempre espera hacer mejoras a este método, el procedimiento que se establece por escrito en el documento es el camino más rápido, seguro y eficiente de completar la tarea.

Aparte de describir con exactitud la manera de realizar todo proceso, una instalación con procesos esbeltos se presta para ofrecer al personal una **guía intuitiva de cómo realizar ciertas tareas en cada célula de trabajo.**

Estas guías son una combinación de instrucciones escritas sencillas con fotos en cada paso del proceso para que no quede duda alguna de la forma en que se debe hacer una tarea. Generalmente se recurre a la **señalización para indicar el tiempo que debe**

llevar cada paso y esto permite medir cómo de eficiente es la manera de trabajar del equipo.

Aparte de documentos de trabajo estándar para los trabajadores de piso de un centro de distribución, una operación esbelta también ofrece la posibilidad de **desarrollar instrucciones de trabajo estandarizado** para los líderes del equipo, los supervisores y los gerentes. Estos documentos describen la manera en que se debe supervisar y manejar el trabajo cotidiano para que la operación esbelta funcione bien.

Cabe resaltar que el trabajo estandarizado no quiere decir solo redactar procedimientos estándar de operación y girar la instrucción de seguirlos. Hablamos de que los procedimientos deben quedar **bien adaptados** a las necesidades particulares del cliente.

Por ejemplo, documentar los pasos necesarios para empacar y sellar un pedido de calcetines en cajas de cartón es muy distinto al proceso para empacar y sellar un pedido de copas de cristal (Donnadieu, 2011).

5.5. Principios aplicables a los centros de distribución y almacenes

a. El almacenaje es conocido como "el transporte a cero kilómetros por hora", por lo tanto, constituye un área que implica un sobrecosto para los productos, de allí que deba considerarse la optimización del espacio al máximo, con el objetivo de aumentar la rotación y la salida de artículos para los costos de oportunidad.
b. No se debe dejar de lado el concepto de productividad, puesto que los centros de distribución deben ser productivos en términos de tiempo y costos, de allí la importancia de contar con un buen sistema de clasificación ABC de inventarios, ajustar las actividades de despacho equilibrando cargas y establecer pedidos consolidados.

Imagen 26. Layout del almacén

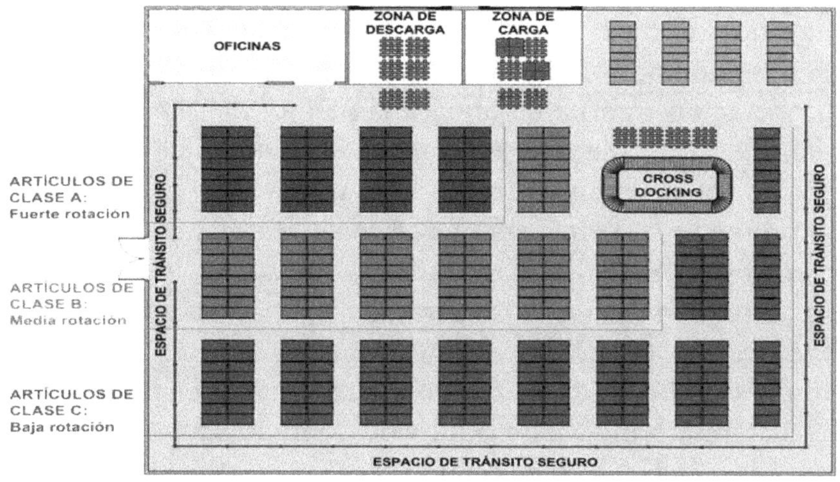

Fuente: Cales, J.; Esparza, C.; Garibaldi, O.; Pérez, J. y Ramírez, M. (2015).

c. En cuanto al costo del manejo de materiales, no debe olvidarse que este se presenta en función del volumen físico o del peso del producto que se pretende movilizar por el almacén y no tiene relación con el valor o costo de la mercancía, es decir, está ligado exclusivamente a los atributos logísticos del producto.

Esquema 8. Depreciación programada para equipos de almacén

Equipo	Depreciación en años
Carretillas	10
Tractores	10
Tráiler y camiones nuevos	10
Tráiler y camiones usados	5
Banda transportadora	15
Equipos informáticos	5

Fuente: elaboración del Autor

d. Un almacén deberá tener ocupada su capacidad de almacenamiento generalmente entre un 85% y 90%, dado que cualquier valor que sobrepase este rango comienza a generar efectos negativos en la productividad como daños, errores y colapsos en su operación interna de almacenamiento; de igual forma, un valor inferior a este rango es claro indicador de que se tiene más espacio del que realmente se necesita.

e. En promedio, un almacén que se considere eficiente y productiva deberá tener destinado un 70% de su estructura para el almacenamiento y un 30% para la operación (circulación, *picking*, *packing*, etc.).

f. Nunca se debe tener un pasillo contra una pared, dado que es de vital importancia para el flujo de elementos y, por ende, para la productividad contar con un acceso por ambos lados.

g. El esquema de almacén debe responder constantemente tres interrogantes:
   - ¿Qué se ha recibido y qué está por recibirse?
   - ¿Qué se ha despachado y qué está a punto de ser despachado?
   - ¿Qué queda en el inventario?

h. El personal operativo y administrativo debe tener competencias laborales e idoneidad profesional, así como destrezas para el desempeño. El perfil de los cargos define el recurso humano adecuado.

i. Es recomendable invertir en equipos de manipulación de cargas, como transpaletas y carretillas, para el traslado de los productos al interior del almacén. Esto disminuye los daños y el deterioro de la mercancía por excesiva manipulación.

j. Los operarios al interior del almacén deben usar los recursos necesarios para su protección y facilidad ergonómica al momento de manipular los productos, para cumplir con las normas de salud ocupacional y seguridad industrial (normas ISO y Ohsas).

k. Para la estimación de los costos de almacenamiento, e inclusive el transporte de mercancías, se deben tener las siguientes bases de liquidación de costos, según los atributos de la carga:
   - Si el producto es muy pesado, debe cobrarse por kilogramo o tonelada almacenada o transportada.

- Si el producto tiene grandes dimensiones, debe cobrarse por MT3.
- Si el producto es de alto costo, debe cobrarse *ad valorem*.
- Si el volumen de cajas, paquetes o sobres es elevado, se cobra por pieza o unidad de carga a almacenar.

l. El tamaño de la unidad de manipulación a desplazar es inversamente proporcional al número de movimientos que deben realizarse y al número de personal requerido.

m. La distancia entre el *picking* y *packing* es directamente proporcional al tiempo de desplazamiento e inversamente proporcional a la mano de obra empleada.

n. El espacio de almacenamiento mínimo y necesario es directamente proporcional al coste del suelo y, a su vez, al tiempo invertido en desplazamientos.

o. El tiempo de operaciones es directamente proporcional a la mano de obra necesaria y al *lead time* del proceso; de igual forma, es inversamente proporcional a la capacidad de respuesta.

p. Tres maneras de manejar la productividad en los centros de distribución:

- Se asignará a los artículos de mayor rotación el espacio de contención más cercano a los puntos de *packing*.
- Ajustar los procesos de recibo, almacenamiento y despacho para equilibrar las cargas de trabajo y las horas persona de los clientes internos.
- Establecer pedidos de *picking* en *batch* (consolidación), con el fin de reducir el tiempo de recogida y el uso de equipos y personal interno.

q. La capacidad de carga de una carretilla se reduce en relación directa a dos factores:

- Mayor altura de elevación.
- Aumento del centro de la carga (distancia desde el borde del palé al centro de gravedad de la carga, en el sentido del fondo del palé).

5.6. Caso especial: sistemas de *picking* de mercancías

Imagen 27. Sistemas de *picking*

Fuente: Dematic (s. f.).

1. Preparar pedidos por unidades o piezas no es rentable. Siempre se debe sugerir a los clientes compras por cantidades superiores, ya sean palés, medios palés o cajas. De este modo, se acelera y consolida fácilmente la preparación de pedidos.

2. Promueva la eficiencia y eficacia de sus operarios o colaboradores a través de incentivos basados en el trabajo en equipo, dado que los incentivos individuales tienden a entorpecer la operación. Recuerde que los incentivos no deben ser monetarios y que el trabajador es quien debe sugerirlos.

3. En primer lugar, se debe encontrar la causa de los atrasos; es decir, se debe dedicar un tiempo prudente a analizar el movimiento y las actividades de los trabajadores, tratando de identificar situaciones relacionadas con interrogantes como: ¿cuántas veces van a la ubicación del artículo y este no se encuentra ahí?, ¿cuántas veces se ve interrumpido un preparador de pedidos por otros trabajadores?, ¿cuántas veces se tropieza un trabajador con otro que no opera en el mismo pasillo?

4. Identificar aquellas opciones que le permitan reducir el tiempo de recorridos y entre recorridos de los operarios de *picking*, dado que las estadísticas muestran que esto puede representar hasta el 80% del tiempo dedicado a este proceso.

5. Establecer una clasificación ABC bajo criterios objetivos que se adecuen a las necesidades de la empresa, de tal forma que la distribución del almacén o centro de distribución priorice aquellos productos de mayor rotación indiferentemente de la cantidad que represente cada grupo.

6. No existe una única clasificación ABC. Es importante recordar que el mercado y, por ende, la demanda son flexibles, puesto que un producto tipo C de muy baja rotación puede convertirse rápidamente o por temporadas en uno tipo A. De allí la necesidad de actualizar y auditar la distribución de la mercancía.

Imagen 28. Preparación de pedidos eficaz

Fuentes: a) Eurotecsa (s.f.); b) Modula (s. f.).

Principios de diseño de layouts de centros de distribución

Imagen 29. Simulación de *layout*

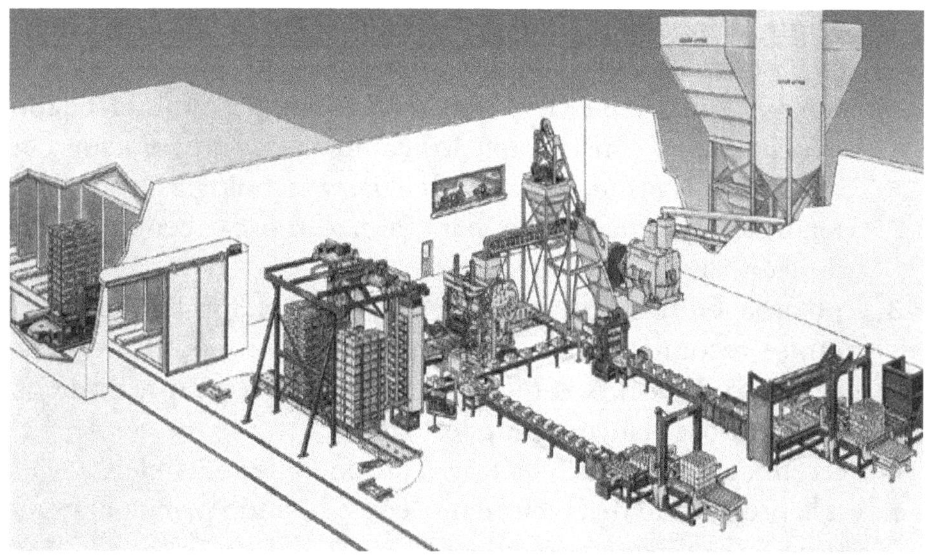

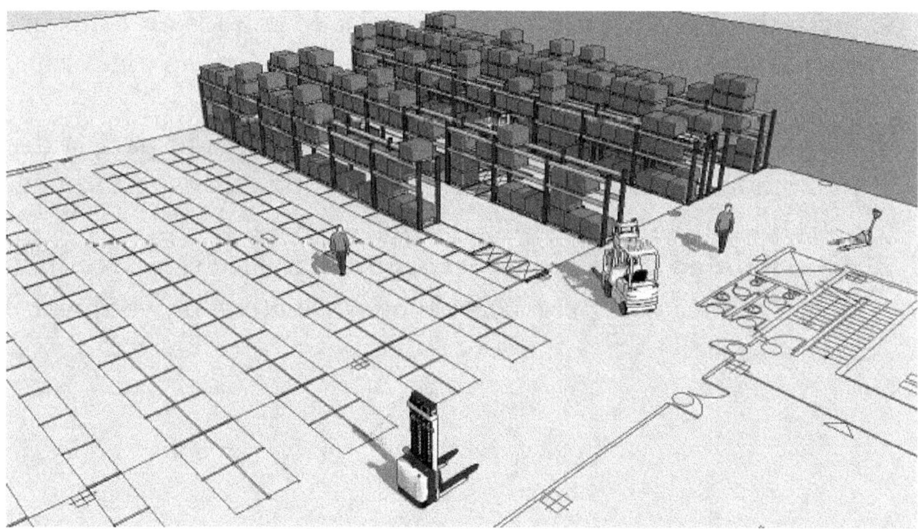

Fuentes: Archivos de logística de High Logistics Institute .

A continuación, se comparten siete recomendaciones claves para la construcción de un almacén o centro de distribución:

1. **Perfile las operaciones:** igual que para un traje de vestir, deben tomarse las medidas y políticas para escoger el diseño requerido. Además, considere el *benchmarking* en el proceso.

2. **Definir la misión y el *layout* del almacén:** el *layout* se define con base en las operaciones y el crecimiento que va a tener la empresa: cinco años de proyección es un período adecuado. Además, deben considerarse los cambios en su operación con respecto a nuevas técnicas, tendencias y tecnologías. La misión de la instalación debe estar clara (almacén fiscal, centro de distribución, artículos A, etc.).

3. **Apoyarse en la simulación:** para analizar y aprobar la operación, se recomienda el uso de la simulación: podrá proyectar el número de recursos requeridos y la inversión a realizar, así como aprobar el *layout* propuesto.

4. **Terreno:** es necesario localizar el terreno que se acople al *layout* y a la proyección de crecimiento, considerando principalmente el tipo de suelo que se requiere.

5. **Licitaciones:** este punto está relacionado con los aspectos que abarcan los movimientos de tierras, la construcción y la compra de equipos.

6. **Mano de obra:** considere si el lugar es apropiado para la disponibilidad de la mano de obra, dado que este aspecto puede constituir una ventaja competitiva para su empresa.

7. **Accesibilidad de la red de transporte:** analice si la accesibilidad es la adecuada para alcanzar a los clientes y proveedores.

Guías para la productividad y optimización en el picking

Imagen 30. Picking tradicional

Fuente: Biblioteca de High Logistics Group de Colombia.

1. La velocidad no es la única consideración cuando se revisa la disposición de la mercadería. Otros factores que influyen en los lugares de "piqueo" incluyen la ergonomía, el tamaño del cliente y los pedidos similares. Por ejemplo, puede ser más efectivo surtir los objetos pesados o voluminosos al inicio del camino del *picking*. Se puede aumentar la eficacia estableciendo zonas dedicadas a clientes grandes y los almaceneros pueden querer que los objetos que frecuentemente se piden juntos estén uno al lado del otro, incluso si uno es un producto A y el otro es C.

2. Se aconseja **no cambiar la disposición de su mercadería una vez y luego olvidarse del asunto**. La eficacia de la disposición cambia a medida que los patrones de demanda varían, se introducen nuevos productos y los antiguos se eliminan. Cómo de rápido debe volver a disponer la mercadería de manera diferente dependerá de su negocio. La redisposición del almacén puede convertirse fácilmente en un proyecto de varias semanas. Esa es la razón por la que se sugiere concentrarse primero en los productos que requieren gran dedicación de tiempo y esfuerzo

a los empleados. Llegará el punto en que realmente no importe dónde se encuentren los productos de movimiento más lento, siempre y cuando no sean un obstáculo y no impidan que los artículos de movimiento más rápido ocupen los "asientos" de la primera fila.

3. Prepare los pedidos en serie en lugar de uno a la vez. Surtir dos, tres o incluso diez pedidos a la vez puede tener un gran efecto en la eficacia. Los *carpicking* que pueden cargar 10 o 12 pedidos a la vez permiten el "piqueo" en serie, a un costo relativamente bajo.

4. El ***picking* de pedidos** puede ser **la mitad de eficiente si el "operador" llega a un lugar y lo encuentra vacío**. Evite que esto suceda manteniendo un nivel mínimo específico de *stock* en cada lugar; reabastezca diariamente todos los productos que se encuentran por debajo del nivel mínimo. ¿Cuál debería ser la cantidad mínima o máxima? Varía de compañía en compañía, pero se recomienda mantener la mitad del valor semanal del producto al alcance de la mano.

5. Se recomienda que un producto de rápido movimiento puede estar mejor dispuesto en un anaquel transportador de cajas de cartón (*carton flow rack*), que debe ser reabastecido una vez a la semana, mientras que en anaqueles debe reabastecerse varias veces al día. Para los artículos de rápido movimiento en cajas completas, se sugiere almacenar múltiples palés en la posición de *picking* e instalar rieles para flujo de palés que utilizan rodillos para trasladarlas.

6. En la preparación de pedidos no se tendrá que dedicar una excesiva cantidad de tiempo a la búsqueda de los productos. Almacenar más de un producto en un mismo lugar implica que quienes surten los pedidos perderán tiempo verificando que se ha tomado el producto correcto; mantener las cajas completas y las abiertas en un mismo lugar obliga a buscar las cajas que no han sido abiertas. Es conveniente utilizar señales visuales para ayudar al personal de preparación de pedidos a verificar sus decisiones rápidamente.

7. Hacer la preparación de pedidos de los productos sueltos requiere mucho más tiempo que en palés o cajas completas. Es recomendable que los clientes pidan cajas completas o en cantidades de un cuarto, medio palé o palés completos.

5.7. Máximas y recomendaciones

a. Más del 50% de los artículos representan el 18,5% del movimiento de los productos. Menos del 50% de los artículos representan el 1,5% de los movimientos en el almacén.

b. Los centros de distribución a ser construidos en el futuro deben ser altos para aumentar la capacidad de almacenamiento en metros cúbicos y las posiciones de los palés, así como reducir el área de almacenamiento.

c. El área externa o patio de maniobras debe ser el 50% del espacio o área actual de los almacenes y los centros de distribución, con el fin de habilitar espacios para la maniobrabilidad de los camiones y actividades externas como aparcamientos, áreas para el manejo de palés, devoluciones y salas de capacitaciones, etc.

d. Los centros de distribución no pueden estar al 100% de su capacidad instalada de almacenamiento en posiciones de palés o metros cúbicos disponibles. En la dinámica y el movimiento de entradas y salidas de productos se generan espacios sin ocupar, lo que causa que al calcular el espacio requerido se deba contemplar una holgura adicional: entre el 20% y el 30% de su capacidad, en función del sistema utilizado.

e. No automatizar el caos. En vez de comprar tecnologías costosas para el centro de distribución, se deben alinear primero los procesos internos, optimizarlos, estandarizar los procedimientos, generar indicadores para medir la gestión y el mejoramiento y eliminar actividades que no agregan valor. Por lo tanto, recuerde aplicar en primera instancia soluciones de tecnología blanda y luego tecnologías de inversión en maquinaria.

f. Si una empresa crece en ventas y distribuciones, deben crecer proporcionalmente en espacio sus áreas de almacenamiento. No necesariamente el mejoramiento en la rotación de artículos y productos y el uso eficaz del espacio cúbico disponible puede sostener el crecimiento en ventas y exportaciones.

g. El patio de maniobras y los muelles de carga en el centro de distribución deben ser controlados y auditados para evitar que sean lugares de pérdida de tiempo en los ciclos de entrega, y evitar el robo o pérdida de artículos por procesos no controlados.

h. Las condiciones de trabajo de los empleados en el centro de distribución deben ser definidas de forma clara desde un inicio, puesto que en el universo logístico se ingresa a labores desde la primera hora del día y la hora de salida no está establecida, depende de los pendientes diarios internos de inventarios y despachos, así como de las actividades inaplazables. Podría decirse que la gestión logística es de 24 horas por día.

i. En el diseño del *layout* para el centro de distribución, la proporción adecuada de las dos dimensiones principales es de dos metros de largo por un metro de ancho. La ubicación de los muelles depende del volumen de despacho, la frecuencia y la cantidad de vehículos despachados.

j. Un centro de distribución con muelles en altura proporciona grandes beneficios y ventajas en el manejo de cargas, el tiempo y la velocidad de despacho versus un centro de distribución sin muelles.

k. A mayor altura de elevación en los centros de distribución (por encima de 10 metros), se debería reducir el número de pasillos o reducir al mínimo el ancho de los pasillos en el *layout* y sistema seleccionado, dado que de otra manera la inversión sería poco eficaz por la no ocupación de un importante volumen.

l. Para el diseño de los centros de distribución o sistemas de almacenamiento y niveles de inventario, se recomienda adicionar de un 20% a un 25% a los cálculos realizados en estas variables como holgura y para cubrirse de la imprevisibilidad de la demanda y del mercado.

m. Cuando se detecte un robo interno en el centro de distribución, no se recomienda delatar al empleado que se ve involucrado, sino establecer un contacto a través del departamento de seguridad, puesto que la integridad física y la psicológica pueden verse envueltas a corto plazo.

n. Un muelle adicional en el centro de distribución implica una salida o posible fuga de mercancías, de allí el cuidado con el que debe ejecutarse el diseño del número de muelles necesarios, según la actividad logística.

Esquema 9. Sistemas de almacenaje más usados

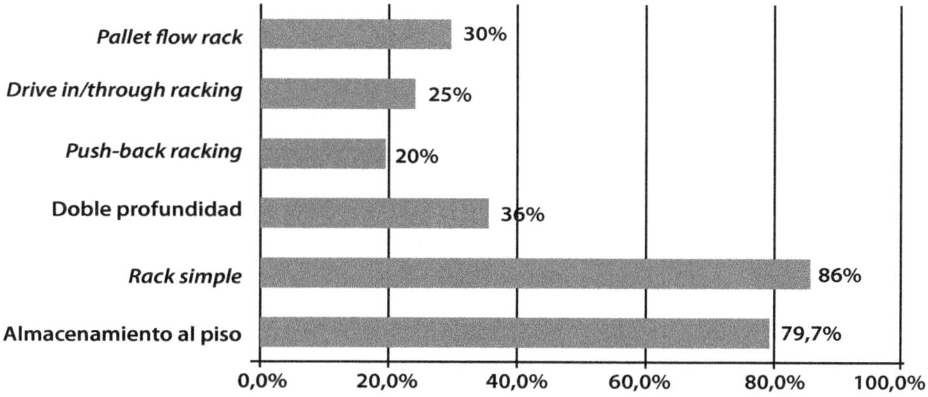

Fuente: Instituto de Logística de Georgia Tech de EE. UU.

En el centro de distribución, el *picking* o preparación de los pedidos puede consumir hasta dos tercios del costo operativo y del tiempo de los recursos. El primer impulso de muchos es tratar de encontrar una solución a través de nueva tecnología; sin embargo, las mejoras de los procedimientos suelen ser más rápidas, económicas y mucho más efectivas que una gran inversión tecnológica. Pensando en eso, la página web de la revista *Énfasis Logística* de México y Centroamérica (2014)[1] estableció siete nuevas recomendaciones básicas para que su almacén sea eficiente sin gastar mucho dinero:

1. Se debe dedicar un tiempo prudencial a analizar los flujos internos del almacén, identificar posibles retrasos y responder a interrogantes como: ¿cuántas veces el preparador de pedidos va a la ubicación de un artículo y este no se encuentra ahí?,

---

1   Nota: puede consultar la revista con el enlace http://www.logisticamx.enfasis.com/

¿cuántas veces se ve interrumpido un preparador de pedidos por otros trabajadores?

2. Identificar aquellas opciones que permitan reducir los recorridos de los operarios de *picking,* que pueden llegar a representar hasta el 80% del tiempo dedicado a la preparación de pedidos.

3. Establecer una clasificación ABC en la distribución del almacén o centro de distribución que priorice los productos de mayor rotación, indiferentemente de la cantidad que represente cada grupo.

4. Revisar sistemáticamente la clasificación ABC. Un producto tipo C, de muy baja rotación, puede convertirse rápidamente en uno tipo A, en función de la demanda en un mercado flexible.

5. Pronostique un nivel mínimo de *stock* en el almacén para cada tipo de producto, ya que, como se enunció, el hecho de que un operario se desplace hacia determinada ubicación y no se encuentre el producto en cuestión en estante, es sinónimo de pérdida de tiempo y dinero.

6. Verificar y cuestionar la eficiencia y efectividad del equipo que se maneja en el almacén para manipular los productos tipo A, los cuales requieren de rápido movimiento al interior del almacén.

7. Estructurar el almacén de forma simple de manera que los operarios de *picking* no malgasten su tiempo buscando productos; es decir, evite almacenar más de una referencia de producto en un mismo lugar sin ninguna correlación evidente, ya que quienes surten los pedidos retrasan su actividad al tener que verificar si el producto es el solicitado.

CAPÍTULO 6

GESTIÓN DEL TRANSPORTE Y DE LA DISTRIBUCIÓN

Continuando con el modelo de los capítulos anteriores, se parte de las definiciones de los procesos de transporte y distribución, los cuales suelen usarse sin tener claros sus significados exactos:

- **Transporte:** actividad integrante del proceso de distribución física nacional e internacional, en la cual se movilizan o trasladan bienes o servicios a un cliente específico, que busca satisfacer una carencia o necesidad desde un determinado punto de origen hacia un destino.
- **Distribución:** macroproceso logístico que involucra las actividades de planificación, control y administración del transporte, carga, descarga, entrega y nivel de servicio a los clientes en la satisfacción de sus necesidades.

Por lo tanto, se puede afirmar que la distribución es una función de carácter estratégico, mientras que el transporte tiene carácter operativo.

Imagen 31. Distribución y transporte

Fuente: Coodicarga (s. f.).

6.1. Las mejores prácticas en la gestión del transporte y de la distribución

6.1.1. Plataformas logísticas

Una plataforma logística se define, según la *European Association of Freigth Villages* (Europlatforms) (2012), como:

> Un área dentro de la cual todas las actividades relativas al transporte, logística y la distribución de bienes, tanto para el tránsito nacional o internacional, son llevadas a cabo por varios operadores. Su gestión puede ser pública o privada y en cualquiera de los casos se podrá contar con los servicios públicos requeridos para prestar sus servicios.

> En términos más simples, se puede definir como una zona especializada que cuenta con la infraestructura y los servicios o las actividades relativas al transporte, empaque y distribución, de valor agregado a la carga, para tránsito nacional e internacional de mercancías de uno o varios operadores. Así, debe tener un régimen de libre concurrencia para las empresas interesadas en ejecutar las actividades anunciadas. También debe estar dotada de los equipos colectivos necesarios para el funcionamiento de las actividades lo-

gísticas, contar con servicios comunes para personas y vehículos usuarios. Asimismo, puede ser administrada por una entidad única, pública, privada o mixta.

6.1.2. Características de las plataformas logísticas

Una plataforma logística se reconoce como un polo de desarrollo empresarial, productivo y logístico con las siguientes características:

a. Ubicación estratégica

- Excelente ambiente para la inversión y para hacer negocios.
- Expeditas condiciones de acceso a los principales insumos de producción (materias primas, competencias laborales, tecnologías, conocimientos, etc.) y a los principales centros de consumo.
- Acceso y cercanía directa a puertos y otros puntos de transferencia de carga.

b. Infraestructura y servicio de primer nivel

- Elevados estándares de diseño de espacios, vialidad y accesos.
- Operadores logísticos especializados en actividades de manejo de la carga, agregación de valor y servicios.

c. Constantes aumentos de competitividad

- Creciente capacidad de agregar valor en la cadena de transporte y mantener la continuidad en el flujo de carga.
- Gran capacidad de generar valor en la cadena de comercialización (venta y posventa), manejo y distribución de mercaderías, entre proveedores y clientes.

d. Coexistencia de una multiplicidad de actividades

Una plataforma logística integra en una misma área actividades logísticas, empresariales y de servicio, productivas y de recreación.

6.1.3. Actividades de las plataformas logísticas

Imagen 32. Plataformas logísticas de mercancías

Fuente: Biblioteca de High Logisitcs Institute.

Una plataforma logística concentra en un área común el desarrollo y la interactividad de las siguientes actividades:

- Manejo físico de la carga y el transporte (manipulación, consolidación, desconsolidación, almacenamiento, custodia, gestión de inventario, distribución, etc.).
- Actividades de valor agregado en el manejo físico de las mercaderías (televenta y telemárketing, toma de pedidos, etiquetado, embalaje, correo, etc.), servicios de información (toma de inventario, información de mercadería en tránsito, información a clientes sobre el estado de sus órdenes de pedido, etc.).
- Servicios de apoyo como son los asociados a la carga y al transporte, servicios financieros y administrativos, servicios complementarios y de recreación.
- Actividades industriales y productivas, dedicadas a la manufactura de diversos productos o la prestación de servicios a terceros.

6.1.4. Tipología de las plataformas logísticas

Las plataformas logísticas se clasifican de acuerdo con la complejidad de los servicios que ofrecen. Se han determinado tres grandes grupos:

- **Plataformas monomodales:** ofrecen y atienden un solo medio de transporte y operaciones de valor agregado. Incluyen las siguientes concentraciones:

  » **Nodos de suministro o mayoristas:** su objetivo es suministrar productos alimentarios a una población determinada.

  » **Centros de transporte terrestre:** su concentración está en el transporte terrestre y, por lo general, abarcan solo una región para optimizar costos.

  » **Áreas logísticas de distribución:** su objetivo es suministrar servicios logísticos y de valor agregado en áreas estratégicas. Poseen servicios de aduanas, gestión de inventarios, restaurantes, entre otros.

- **Plataformas de intercambio modal:** son grandes zonas de servicio logístico en las que se ofrecen carga/descarga, intercambio modal, etiquetado, paletización, *picking*, retractilado, almacenamiento, entre otros. Incluyen:

  » **Zona de actividades logísticas portuarias (ZAL):** como su nombre lo indica, están vinculadas a puertos marítimos, con presencia de operadores portuarios, almacenaje, importaciones, exportaciones.

  » **Centros de carga aérea:** obligatoriamente deben poseer excelentes accesos terrestres. Estas terminales están destinadas a atender agentes de carga, cuyo objetivo es minimizar los costes y reducir los tiempos en los procesos.

  » **Puerto seco:** deben tener acceso directo a un puerto marítimo con accesos terrestres de conexiones extendidas. Generalmente, están ubicadas en la parte interior del país.

- **Plataformas multimodales:** ofrecen dos o más medios de transporte o la combinación de ellos (carretera, ferrocarril, vía fluvial, marítima o aérea), optimizando más recursos y concatenando esfuerzos para la reducción del *lead time* y alcanzar la mayor satisfacción del cliente. Todos los modos de transporte tienden a intervenir en esta clase de plataformas.

6.1.5. Beneficios y oportunidades de las plataformas logísticas

Las plataformas logísticas son infraestructuras concebidas para dar soporte a la actividad logística y de transporte de mercaderías. Por lo tanto, son necesarias para:

- Asegurar el suministro a la producción y al consumo.
- Favorecer el desarrollo ordenado y eficiente de sectores económicos estratégicos, como la logística y el transporte.

La implementación física de una plataforma logística sobre un territorio tiene repercusiones eminentemente positivas en diversos aspectos:

- Contribuye al desarrollo socioeconómico.
- Puede permitir compatibilizar el desarrollo logístico con el respeto al medioambiente.
- Actúa como un instrumento de ordenación territorial.
- Permite mejorar la gestión de flujos.
- Reduce los costos de la movilidad de las mercaderías.

6.2. Cross-docking

Un área de *cross-docking* se dispone de espacios para la recepción, consolidación y reexpedición de mercancías de resurtido frecuente a los almacenes de una región. En estas plataformas, el fabricante entrega las mercancías en la instalación y el comerciante reexpide a sus almacenes en un máximo de un día; generalmente, son operadas por el mismo distribuidor o por operadores logísticos. La premisa básica de las plataformas regionales es que no tendrán almacenamiento y se compartirá el costo logístico con los fabricantes.

Han surgido muchos proyectos de asociación entre los proveedores y las cadenas de consumo masivo en lo relativo a la disminución del tiempo de entrega de mercancía y su oportunidad de estar en el punto de venta para su consumo. De todas las posibilidades de alianza, existe el proceso *cross-docking*, el cual consiste en el flujo rápido de la mercancía desde el proveedor, sin tenerlo que almacenar hasta colocarla en el punto de venta del almacén. Otro objetivo de este método es evitar que el proveedor entregue su mercancía en diferentes puntos de venta, con la sabida demora en la atención, la congestión y la diversidad de lugares por visitar. El proveedor solo entrega directamente al centro de distribución de su cliente de manera consolidada y este, a su vez, utiliza el almacén como puente, al documentar la mercancía, clasificarla y colocarla en la zona de despacho para su transporte a los puntos de venta. Todo el proceso debe llevar 24 horas, como máximo. Además, debe existir una elevada coordinación entre ambas partes, con el fin de planificar las cantidades solicitadas y los puntos de venta que se utilizarán.

6.2.1. Proceso operativo del cross-docking

Dentro de las actividades comunes desarrolladas en un proceso *croos-docking*, se encuentran:

- El proveedor elabora sus pedidos.
- Las órdenes de compra se imprimen en los almacenes.
- Las órdenes de compra se entregan al proveedor en las oficinas centrales.
- El proveedor entrega la mercancía separada por punto de venta (a veces debidamente marcada con el precio de venta).
- El personal de almacén documenta la mercancía y envía inmediatamente los pedidos internamente al respectivo muelle de despacho.
- Se transporta la mercancía a los diferentes puntos de venta, de acuerdo con la programación de vehículos.
- La mercancía es recibida y colocada en los expositores de venta.

Imagen 33. ¿Qué es el *cross-docking*?

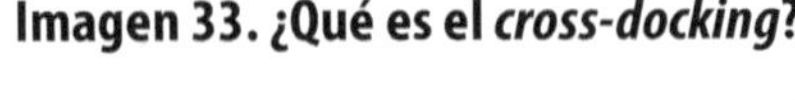

Fuente: elaboración propia.

6.2.2. Elementos del cross-docking

- **Participación de la dirección**: como en todas las estrategias de la organización, se requiere el compromiso de la alta gerencia de las dos compañías partícipes del proceso de *cross-docking*, las cuales deberán, en primer lugar, acordar una estrategia de distribución para el producto o grupo de productos involucrados. Para que el proyecto sea un éxito, deben respaldar la idea de que la información estratégica, como los datos de venta o los movimientos de *stock*, sea intercambiada a fin de agilizar la puesta en marcha del proceso.

- **Análisis de costos basado en actividades (*activity based cost*, ABC)**: dado que la aplicación del *cross-docking* implica la implementación de muchas técnicas y procedimientos, es aconsejable llevar algún tipo de análisis ABC antes de su implementación, con el fin de cuantificar el costo y los beneficios para ambas partes. Idealmente, este tipo de estudio debería contemplar toda la cadena de suministro entre socios comerciales, y no solo los elementos considerados convenientes durante la etapa de planificación, dado que el ABC puede identificar otras áreas que en ese momento no se consideraron adecuadas. Los resultados del análisis ABC deberían ser estudiados por ambas partes para decidir si el *cross-docking* es conveniente para las actividades, los locales (almacenes) y las categorías de los productos seleccionados.

- **Inversión en tecnología informática**: como requerimiento básico del *cross-docking*, los socios comerciales deben estar interiorizados en el uso del intercambio electrónico de datos (EDI, por sus siglas en inglés), codificación de código de barras y lectura por medio de escáneres, para recoger todos los datos de artículos, rastrear el flujo de las mercancías e intercambiar de forma rápida y confiable la información relevante al proceso.

- **Organización**: el *cross-docking* no es un proyecto de cruzamiento funcional total, aunque los departamentos de sistemas informáticos, de logística y de ventas estén involucrados en el proceso.

- **Sincronización del tiempo de entrega (*timing*)**: las entregas por transporte al centro de distribución deben ser coordinadas cuidadosamente. Por lo general, entre los proveedores se debería acordar un sistema de reservas y de horarios, de tal modo que los tiempos de llegada de los vehículos estén escalonados a lo largo del día laboral. Cada vez más, las compañías están usando sistemas como el posicionamiento de satélites mundiales para administrar la flota de vehículos y rastrear los mismos, cotejándolos con los horarios preestablecidos. El EDI puede ser útil en la transferencia de información entre las organizaciones, en función de la sincronización de entrega.

- **Limitaciones del espacio**: en el centro de distribución, el espacio destinado a los envíos en tránsito o *cross-docking* a menudo es limitado. Lo mismo sucede con el número de puertas principales de ingreso. Se debería prestar especial atención a la administración de las horas pico, cuando la utilización del espacio de piso y de las puertas de acceso está bajo mayor presión.

- **Recursos humanos**: los horarios de entrega, las limitaciones de espacio y los equipos disponibles van a determinar el número de personas necesarias para llevar a cabo la operación de *cross-docking* de forma eficiente y rápida.

6.2.3. Clases de cross-docking

Dentro de las clases de *cross-docking* realizados en la industria se encuentran:

***Cross-docking* directo**: los paquetes o bultos (palés, cajas, etc.) preseleccionados por el proveedor, de acuerdo con las órdenes de pedido, son recibidos y transportados al muelle de salida para consolidarlos con los paquetes similares de los proveedores en los vehículos de entrega a establecimientos, sin que haya mayor manipulación.

Imagen 34. Representación del *cross-docking* directo

Cross-docking **directo.** Los paquetes o bultos (palés, cajas, etc.) preseleccionados por el proveedor, de acuerdo con las órdenes de pedido, son recibidos y transportados al muelle de salida para consolidarlos con los bultos de otros proveedores en los vehículos de entrega.

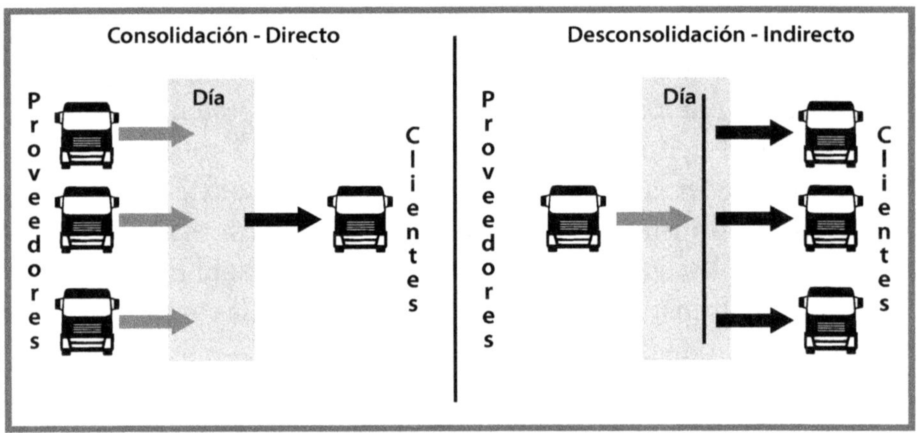

Cross-docking **indirecto.** Los bultos son recibidos, fragmentados y reetiquetados por el centro de distribución dentro de nuevos empaques para ser entregados a los establecimientos. Estas nuevas unidades de carga se transportan al muelle de salida para la consolidación con empaques similares de otros proveedores en los vehículos de entrega a establecimientos o puntos de venta del cliente, sin que haya mayor manipulación.

Fuente: elaboración propia.

***Cross-docking* por producto (*by line*):** la plataforma logística del distribuidor recibe los pedidos de las tiendas y los agrupa para transmitir un solo pedido al proveedor. La mercancía llega de forma agrupada y la plataforma se encarga de repartirla en función del pedido realizado por cada tienda. En este caso, la plataforma realiza los pedidos a los proveedores, controla las mercancías que recibe de los proveedores y las entregas que realiza a las tiendas. Igualmente, se puede dar el caso de *cross-docking* por producto con *stock* de mercancía, en el que la plataforma tiene *stock* de una parte de las mercancías. Esta situación ocurre cuando la plataforma recibe más cantidad de la que tiene que entregar a las tiendas, por ejemplo, cuando se ajustan los pedidos a capas completas. Esta clase de *cross-docking*, que une el tránsito de la mercancía con el *stock*, puede causar dificultades, puesto que, en muchos casos, la plataforma no está diseñada para tener *stock*.

***Cross-docking* por pedido (*by order*):** desde la plataforma del distribuidor o por parte de cada tienda, se hacen los pedidos individuales a los proveedores. Los productos llegan agrupados por tienda. La plataforma se encarga de juntar los pedidos de los distintos proveedores que corresponden a cada tienda. Normalmente, la plataforma no tiene ningún compromiso con el contenido de los bultos y no manipula la mercancía, salvo para la optimización del transporte.

***Cross-docking* planificado para eventos:** para un evento concreto, como promociones, lanzamiento de producto, etc., se puede realizar un reaprovisionamiento en *cross-docking* por producto o por pedido. El proceso de toma y generación de pedido es distinto de los otros tipos de *cross-docking*, dado que el pedido formará parte de una planificación, previsión y ejecución de eventos. Los pedidos serán definidos por el distribuidor o conjuntamente con el proveedor. La participación del departamento de compras/ventas/*merchandising*, a nivel central, es muy importante. Los demás procesos asociados a esta clase de *cross-docking* serán idénticos al *cross-docking* por pedido o por producto.

6.3. Planificación y optimización de las rutas de transporte

Las aplicaciones de *software* de planificación y optimización de rutas de transporte están siendo usadas por un número limitado de compañías. Aunque estas tecnologías son efectivas para el mejoramiento de la utilización de los recursos de transporte, entre sus beneficios se encuentran la reducción del tiempo de trayecto de los viajes y del kilometraje en los vehículos, la disminución de los costos y el mejoramiento de las entregas a los clientes, lo que se traduce en un mejor control y servicio. Esto se obtiene procesando rápidamente la información de la ubicación de los almacenes donde se encuentren los productos a despachar, de los clientes a satisfacer y de las cantidades y los tipos de carga a ser transportados, acoplando todo esto a la flota disponible para optimizar el uso de los recursos.

De forma similar, dentro de las grandes ventajas de este tipo de aplicaciones se encuentra su uso estratégico, comercial y operativo (más adelante se mencionarán algunos de los beneficios en estos campos).

No obstante, uno de los retos más importantes a los cuales se enfrentan los planificadores manuales de rutas tiene que ver con la complejidad de las variables que deben considerar cuando van a realizar su trabajo, como por ejemplo: entregas múltiples, variación de volúmenes y pesos, tiempos de entregas, días, clientes esparcidos en una amplia zona geográfica, restricciones de entrega, leyes de las ciudades, características de la flota a utilizar (tonelaje/volumen, tráileres, refrigerados o con compartimientos distintos, tanques, entre otros) y características físicas de los muelles/clientes. Bajo estas condiciones será casi imposible que, manualmente, se encuentre la planificación de rutas más óptimas.

Teniendo en cuenta este esquema, se hace indispensable el uso de una aplicación que permita considerar estas variables y proporcionar rápidamente los mejores resultados. El planificador puede ensayar varias alternativas cambiando los parámetros hasta encontrar la ideal y también efectuar modificaciones manualmente donde lo considere necesario. Un *software* de planificación y optimización de rutas de transporte es una herramienta apropiada para flotas de diez o más vehículos, que realizan múltiples entregas y tienen un proceso de planificación complejo. Precisamente, entre más complejo sea dicho proceso, los beneficios de este tipo de herramientas tendrán un mayor impacto en la operación. Las aplicaciones de este tipo de *software* son múltiples, como se detalla a continuación.

6.3.1. Aplicación estratégica

1. Diseño de la red de distribución.
2. Planificación de recursos, presupuestos, variaciones de demanda por temporadas y revisión de estructuras actuales/ nuevos depósitos.
3. Evaluación de opciones alternativas (por ejemplo, la comparación de efectividad de costos internos contra costos usando terceros).
4. Planificación desde varios almacenes (entregas desde almacenes predeterminados, donde el sistema elige la planificación óptima).
5. Valoración de la necesidad de nuevos almacenes.
6. Determinación de la flota de vehículos necesaria.
7. Auditoría de operaciones existentes.

En la parte estratégica, estas tecnologías constituyen una herramienta poderosa, dado que permiten una visualización de la red de distribución que manualmente es difícil de obtener. Por ejemplo, se puede planificar el crecimiento del mercado con solo aumentar en un porcentaje el número de entregas y, de esta misma manera, se podría evaluar un posible decrecimiento. También es factible, mediante algunos movimientos, definir la mejor ubicación de los centros de distribución, teniendo en cuenta la malla vial para su acceso y las entregas/recogidas para los trayectos. En este sentido, las herramientas actuales permiten revisar continuamente la estrategia de distribución, para mantenerla en línea con los constantes cambios del mercado.

6.3.2. Aplicación comercial

1. Preparación de propuestas de servicios a clientes.

2. Estudios de consultoría para encontrar los métodos más eficientes en costos y servicios.

El uso de estas tecnologías es de vital importancia, puesto que un análisis o un modelamiento detallado de una operación puede determinar la viabilidad operativa y económica de un negocio. Los *software* de planificación y optimización de rutas de transporte usan mapas digitales vectorizados para sus cálculos de tiempo y distancia. Estos mapas tienen una precisión de más de un metro, dado que los clientes y los almacenes son georeferenciados con latitud y longitud. La funcionalidad de estos paquetes facilita a los planificadores la tarea de dimensionar y ubicar su red de distribución efectivamente. Dentro de los factores para justificar la implementación de un sistema de planificación y optimización de rutas, destacan los beneficios operativos y comerciales, como en el caso de los operadores logísticos que quieren integrar los servicios de distribución en su operación.

6.3.3. Aplicación operativa

1. Planificación dinámica diaria.

2. Planificación semanal.

3. Validación de las rutas planificadas manualmente.

4. Creación de escenarios con cambios en recursos y costos, con diferentes parámetros y asunciones.

La planificación dinámica diaria produce los mayores beneficios, particularmente donde las entregas no tienen un patrón determinado, mientras que la planificación semanal es más apropiada para cadenas de abastecimiento, donde se tiene el conocimiento de las entregas a realizar una semana antes.

6.4. Principios aplicables al transporte y a la distribución

a. Para que el transporte sea rentable y el flete bajo, se debe cumplir con tres criterios:
   1. La carga debe satisfacer el volumen del medio en que se transporta, es decir, es necesario maximizar la capacidad cúbica del camión en las variables de peso y volumen.
   2. Debe existir una carga de compensación (*backhaul*). El medio de transporte no se desplazará en su partida ni a su regreso sin carga.
   3. Se debe manejar una alta frecuencia entre los orígenes y destinos de la ruta, de tal forma que pueda aprovecharse el máximo de la capacidad de viajes del camión.
b. Los criterios más importantes para seleccionar un operador logístico son: capacidad de operación, flexibilidad para llegar a acuerdos con los clientes finales y visibilidad de la operación.
c. Definir como filosofía empresarial del personal involucrado en el proceso de transporte el cumplimiento del *lead time* de entrega.
d. Asegúrese de planificar y generar hojas de rutas, locales y nacionales, para el proceso de distribución, lo cual debe ser una tarea compartida entre el departamento de operaciones y los profesionales de la conducción.
e. Si la empresa trabaja nacionalmente en rutas definidas, es recomendable generar acuerdos con estaciones de servicio estratégicas sobre el recorrido para llenar el combustible, así como acceder a sistemas pago automatizado de peajes, aparcamientos y hoteles para los profesionales de la conducción. Estas medidas permiten ahorrar, en promedio, el 5% del valor del flete, si se comparan con las situaciones en que el profesional de la conducción es directamente responsable del pago de los gastos.
f. Instruya al personal en prácticas éticas para los procesos de carga y descarga, puesto que el pago de comisiones es una de las grandes problemáticas que afrontan los transportistas independientes o no generadores de carga.

g. Es necesario tercerizar o generar un área de mantenimiento especializada en neumáticos, principalmente en empresas de carga pesada, dado que estos representan una gran inversión cuando se requiere su cambio, sobre todo en vehículos de seis ejes.

Esquema 10. Criterios para la selección de los transportistas

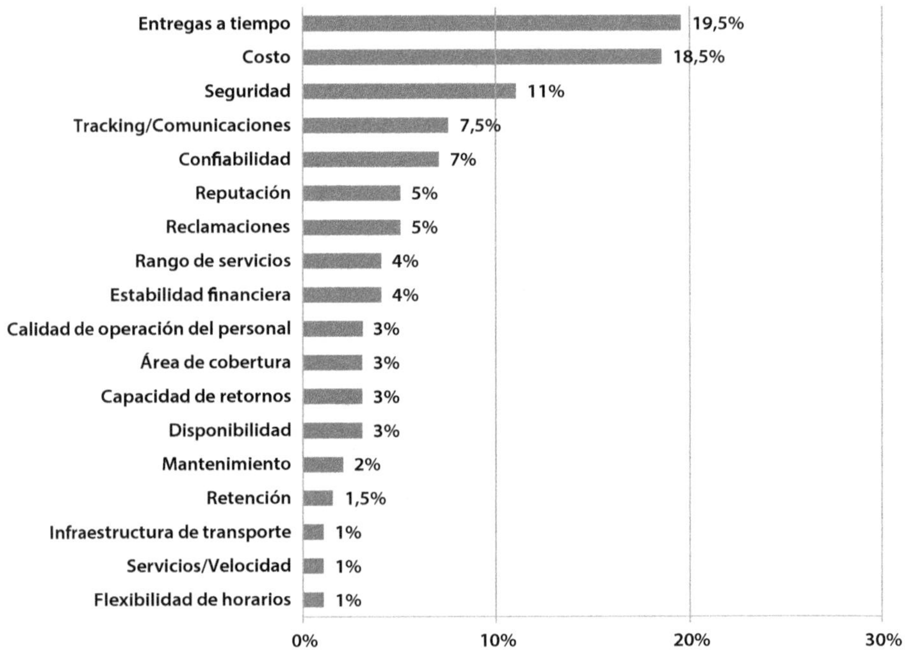

Fuente: Archivos de logística de High Logistics Institute.

h. En empresas de carga pesada es preferible evitar el negocio de transportes urbanos en grandes ciudades, dado que el costo-beneficio es mínimo o incluso genera pérdidas.

i. Evalúe factores como cantidad de producto, *lead time*, peso y volumen, costos de transporte, métodos de carga y descarga, costos de empaque y embalaje, clientes y potenciales clientes, antes de decidir el medio de transporte óptimo para sus productos.

j. Una empresa de productos perecederos debería tener flota propia de transporte para garantizar un alto nivel de servicio a sus clientes. La gran sensibilidad de su manejo y los días de rotación obligan a garantizar una entrega oportuna.

Imagen 35. Furgones refrigerados

Fuente: archivo de la empresa de transporte Expel Management S.A.S.

k. Una pyme debería tener sus costos de transporte vía *outsourcing* o tercerización por no tener masa crítica de carga para poder llenar un camión regular y por su baja demanda en ventas. Debería tercerizar su operación de transporte como estrategia.
l. Una empresa grande debería tener flota propia si tiene una gran demanda y alta frecuencia de entregas locales y capacidad de generar carga de retorno. Por costos, la flota propia sería financieramente más viable, por su tasa de retorno, que pagar fletes a terceros.
m. Aunque se tenga flota propia, por estrategia y *core business*, es mejor buscar un *outsourcing* en el transporte que administrar el transporte y el mantenimiento, por lo complicado y dispendioso de su manejo, con el fin de dedicar los esfuerzos a mantener a los clientes satisfechos y generar valor agregado a los productos.
n. Los operadores logísticos los contratan más por su manejo y visibilidad de la información (*tracking* y *tracking*) que por tener camiones propios y una gran infraestructura logística. Su ven-

taja comitiva es poseer sistemas de seguimiento y visibilidad de la operación logística.

o. Si es posible, adecúe un sistema de diagnóstico integral (o tercerícelo) a los vehículos de la empresa, de tal forma que se pueda hacer un seguimiento estadístico de los consumos como gasolina, ACPM, refrigerante, etc.

p. Para el caso específico del transporte de materiales peligrosos, es de vital importancia conocer la normatividad asociada a este mecanismo, dado que representa una de las cadenas de suministro que más riesgos conlleva, entendiéndose como materiales peligrosos aquellos que constituyen un riesgo importante para la salud, los bienes o el medioambiente, de acuerdo con el Programa de las Naciones Unidas para el Medio Ambiente.

q. Cada vehículo debe cumplir con una serie de requisitos para transportar sustancias peligrosas, como son:

- El vehículo debe contar con rótulos de identificación normativos, con indicación de las sustancias que se transportan.
- Garantizar el funcionamiento de los frenos, el sistema de dirección, de suspensión, las señales visuales, el escape de gases y las llantas.
- Además, el sistema eléctrico debe minimizar las chispas, poseer un dispositivo de carga y descarga, en caso de transportar sustancias químicas en cisternas.

Imagen 36. Señalización de mercancías peligrosas

Fuente: Ayahuascades (2014).

6.5. Máximas y recomendaciones

a. Los sellos y logos que indican el transporte de mercancías peligrosas deben ser retirados de los frontales, carpas y carrocerías una vez han sido descargados. La movilización de vehículos con este tipo de señales sin ninguna carga puede ser causa de sanciones por parte de las autoridades correspondientes.

b. Si su empresa ejecuta entregas urbanas, consulte el plan de ordenamiento territorial de su ciudad como primer requisito para establecer el programa de rutas a desarrollar.

c. Si se presta un servicio de transporte a un particular o profesional independiente, es conveniente que el valor del flete sea abonado en su totalidad antes de movilizar el vehículo al punto de carga o de asignarle un conductor, ya que es frecuente que, con posterioridad a la carga, se generen sobrecostos o imprevistos por las características de este tipo de servicios.

d. No solo los conductores o jefes de patio deben saber conducir un vehículo de carga pesada o similar, puesto que ante cualquier imprevisto o emergencia que requiera una movilización o encendido sencillo, se deberán esperar horas o minutos necesarios para la operación. Recuerde que no debemos ser expertos en todo, pero sí conocer los principios básicos.

e. La movilización de contenedores TEU (20 pies) o FEU (40 pies) requiere la generación de contratos específicos que denotan la responsabilidad sobre el elemento. De igual forma, si estos se transportan vacíos, deben contar con su respectivo manifiesto de carga[2].

---

2   Nota: para conocer datos adicionales relacionados con la gestión del transporte, puede consultar el libro *Logística del transporte y distribución de carga*, del ingeniero Luis Aníbal Mora García.

CAPÍTULO 7

PRINCIPIOS DEL SERVICIO AL CLIENTE Y DE LA MERCADOTECNIA

El servicio al cliente y la mercadotecnia o *marketing* se definen como:

- **Servicio al cliente:** mejor conocido dentro de la teoría moderna como servicio de atención y satisfacción del cliente, este departamento o área ejecuta las actividades que presta una empresa para establecer un puente directo con sus clientes durante el proceso de venta de un determinado bien o servicio, partiendo desde el interés por adquirirlo hasta el servicio posventa.
- **Mercadotecnia:** macroproceso mediante el cual una empresa detecta o anticipa cierto tipo de necesidades o carencias latentes en el mercado, con el objetivo de satisfacerlas a través de un determinado bien o servicio.

Teniendo claro lo anterior y sin caer en el error de confundir los conceptos de marketing y ventas, con información del portal Smedio-Business Ideas Worth Sharing, se presenta una clasificación de los seis tipos de profesionales de la mercadotecnia que pueden encontrarse en la actualidad:

1. **El convencional:** ha crecido profesionalmente bajo el paraguas de los medios tradicionales: la prensa, la televisión y la radio. No ha permanecido inmune a los cambios experimentados por el *marketing* en los últimos años, pero sigue aproximándose a esta disciplina desde un punto de vista "clásico", el que le ha enseñado su dilatada experiencia en el sector.

2. **El internauta:** en esta clasificación se encuentran los llamados "gurús" de la red global de internet como plataforma publicitaria. Ya sea mediante el SEO, el SEM u otra técnica de *marketing online*, estos profesionales son expertos en obtener el máximo potencial publicitario de la red de redes.

3. **El de redes sociales:** en esta clasificación están los profesionales de la mercadotecnia enfocados en explotar el uso cada vez más latente de redes sociales como Facebook, Twitter, Instagram, Google+ y LinkedIn.

4. **El de marca:** experto en construir marcas. Su pericia consiste en popularizar las marcas y tejer en torno a ellas telarañas para "atrapar" a potenciales clientes. Su único fin es crear valor de marca para las organizaciones, de allí que el *branding* es su "biblia".

5. **El investigador:** a diferencia del convencional, se preocupa por salir de su zona de confort empleando las reglas del *marketing* y el método de investigación directa, por lo tanto, basa sus decisiones en datos concretos y en la experiencia.

6. **El visionario:** no se molesta en preguntar al consumidor lo que quiere. Se adelanta a sus deseos y le ofrece soluciones que percibe como algo natural.

Imagen 37. La importancia del *marketing*

"El marketing o mercadotecnia como su traducción más cercana al español, es una función vital para toda compañía que demanda un trabajo cada vez mayor debido al gran avance que han tenido y tendrán en los próximos años las tecnologías de la información y la comunicación".

Fuente: Woobsing Smart Marketing (s. f.).

Imagen 38. Fidelización del cliente

"La fidelización del cliente es un concepto de marketing muy extenso que involucra una serie de pasos de acompañamiento y retroalimentación constante con el cliente final de un determinado bien o servicio, el cual luego de cierto punto llena sus expectativas muy por encima de lo deseado y toma cierta marca como primera y única alternativa".

Fuente: La importancia del servicio al cliente (2015).

7.1. Las mejores prácticas en el servicio al cliente

Principios para el diseño del servicio al cliente

Para tener una función de servicio al cliente trabajando de forma proactiva en anticiparse a las necesidades de los clientes, por encima de tan solo responder a una queja o una reclamación, es necesario cumplir con los siguientes principios:

1. **Diferenciación del servicio:** para cada segmento del mercado debe diseñarse el nivel de servicio más adecuado.
2. **Competitividad:** el diseño del servicio que se realice, además de satisfacer plenamente las necesidades de los clientes, debe garantizar la competitividad de la empresa de forma tal que pueda permanecer en el mercado durante largos períodos.
3. **Racionalidad:** satisfacer las necesidades de los clientes y mantenerse en el mercado debe hacerse sobre la base de una adecuada racionalidad en la utilización de los recursos y procesos. Es decir, se debe lograr el equilibrio entre el costo del servicio y el beneficio comercial y financiero percibido.
4. **Satisfacción del cliente:** las acciones en la prestación del servicio deben estar dirigidas a lograr la satisfacción del cliente. Esta satisfacción debe garantizarse en cantidad, calidad, tiempo, precio, atención y servicio.

5. **Funcionamiento del sistema logístico:** la empresa debe satisfacer las necesidades de sus clientes y realizar los controles de sus procesos, sin necesidad de que estos últimos tengan influencia directa sobre el cliente.
6. **Transparencia de la meta de servicio:** tanto para el cliente como para quien brinda y apoya el servicio. El cliente debe conocer qué puede esperar del servicio brindado por la empresa.
7. **Personalización:** el servicio se brinda no a un cliente indistinto, sino a una persona o grupo específico y, como tal, deben tratarse.

Estrategias para lograr la satisfacción de los clientes

La satisfacción de los clientes es uno de los principales objetivos de una empresa en cabeza de las funciones de marketing, servicio al cliente y logística. Para lograr un estado de satisfacción es preciso, primero, determinar y entender las necesidades que motivan a un cliente a tomar una decisión de compra. Uno de los componentes principales de una estrategia de satisfacción al cliente se basa en los procesos y medios para realizar la atención al cliente. Es decir, el contacto directo que se sostiene de forma permanente con cada cliente.

La empresa debe controlar los procedimientos y medios para realizar la función de atención al cliente, puesto que esta se consolida como un factor determinante para garantizar un buen entendimiento entre las partes, buscando desarrollar relaciones cordiales de largo plazo fundamentadas en la confianza.

Mundialmente, se acepta que más del 20% de los clientes que dejan de comprar un producto o servicio renuncian a su decisión de compra debido a fallas en la información que se les entrega cuando se interrelacionan con las personas encargadas de atenderlas, bien sea por aspectos de cartera, negociación de precios, acuerdos de plazos y sitios de entrega o para entregar informes de seguimiento respecto del estado de los pedidos gestionados en el centro de distribución.

Para garantizar una adecuada atención al cliente, es preciso tener en cuenta los siguientes elementos:

1. Determinación de las necesidades específicas de cada cliente.
2. La primera herramienta para mejorar y analizar la atención de los clientes es preguntarse:

   - ¿Quiénes son los clientes? Determinar con qué tipos de persona va a tratar la empresa.
   - ¿Qué buscarán las personas que se van a tratar? Es necesario determinar las necesidades básicas (información, preguntas materiales).
   - ¿Qué servicios brinda en este momento el área de atención al cliente?
   - ¿Qué servicios fallan al momento de atender a los clientes? Determinar los errores mediante un ejercicio de autoevaluación.
   - ¿Cómo contribuye el área de atención al cliente a la fidelización de la marca y el producto?, ¿cuál es el impacto de la gestión de atención al cliente? Determinar la importancia que tiene el proceso de atención en la empresa.
   - ¿Cómo puedo mejorar? Diseñar políticas y estrategias para mejorar la atención.

3. Garantizar el post-servicio a las ventas realizadas a los clientes para asegurar que lo vendido cumpla los requisitos de calidad y aumentar su fidelidad.
4. Transmitir a los empleados de la empresa una cultura de servicio al cliente para mejorar el nivel de atención a los consumidores finales.

7.2. Principios aplicables al servicio al cliente y a la mercadotecnia

a. Desde hace décadas, el antagonismo entre las áreas de producción, logística y comercial ha generado innumerables discusiones, debates y conflictos, relacionados con los siguientes aspectos, los cuales se recomiendan seguir con cuidado y detenimiento:

- El nivel de inventarios en los almacenes.
- El horario de las actividades de recolección y despacho.
- Las devoluciones y los rechazos de los cierres sin justificación.
- La obsolescencia de los productos por vencimiento y baja rotación.
- La indisciplina y supuesta urgencia de los clientes en su despacho.

b. Está permitido fallar por un pequeño margen en algunas entregas a los clientes, dado que las eventualidades existen. Sin embargo, los errores nunca deben ocurrir en la primera entrega, dado que, como en cualquier otro aspecto, la primera impresión es la más importante.

c. Evite cometer los cinco pecados de la mercadotecnia:
   1. Dejar para última hora la entrega de los pedidos de los clientes y las actividades clave.
   2. Generar altos niveles de inventarios y poca rotación.
   3. Desconocer la capacidad instalada, de almacenamiento y transporte.
   4. Generar continuamente notas de crédito por devoluciones por laxitud ante los clientes finales.
   5. Enviar camiones semivacíos con baja utilización de su capacidad de peso y volumen, porque el cliente es muy importante, lo que ocasiona pérdidas.

d. La clave de las ventas y la creación de rentabilidad es manejar clientes tipo A que proporcionen volumen y clientes tipo C que den una alta rentabilidad, para mantener el equilibrio empresarial.

e. Crear un negocio equivale a poseer la capacidad suficiente para detectar una necesidad clara para un nicho de mercado o segmento específico y, a su vez, establecer los mecanismos y modelos de negocio necesarios para satisfacerla.

f. Recuerde que brindar un servicio óptimo y de calidad a un cliente asegura el regreso del mismo y la transmisión de una buena imagen a posibles clientes de boca a boca.

g. Sea consciente de que, aun cuando el cliente pueda estar equivocado, siempre ganará, de allí la dificultad de mantener lo enunciado en el principio anterior.

h. A la hora de negociar con un cliente, sea claro y conciso al preguntar sobre lo que en realidad requiere, bajo qué condiciones lo desea, el valor que está dispuesto a pagar por ello y, mucho más importante, el tiempo en que lo requiere.

i. Recuerde que no es lo mismo oír que escuchar. Aprenda a escuchar a sus clientes internos y externos, puesto que es una parte fundamental del proceso de comunicación e implica retroalimentación.

Imagen 39. Incongruencias entre las partes en la cadena de suministro

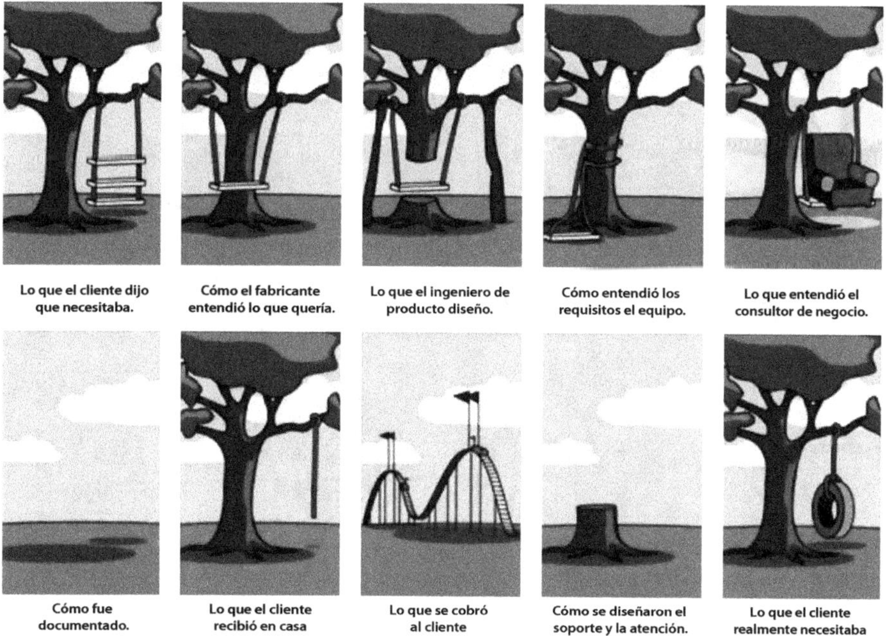

Fuente: Mcgias, J. (2012).

j. Genere en los empleados de servicio al cliente la preocupación por entender realmente lo que el cliente necesita, más de allá de solo lo que pide. No se trata de vender, sino de asesorar.

k. Recuerde que es fácil ponerse en los zapatos del cliente, lo realmente difícil es intentar caminar con esos zapatos.

l. Es mejor entregar el 100% en 48 horas y no el 75% en 24 horas. El cliente merece y requiere saber la verdad. Las falsas expectativas llevan al mal servicio y a la pérdida del cliente.

m. No mienta bajo ninguna circunstancia al cliente, este siempre preferirá la sinceridad.

n. El servicio posventa es clave para el cliente. Procure invertir buena parte de su tiempo y recursos en esta etapa.

o. Mantener a un cliente es más riguroso, dispendioso y desgastante que atraer uno nuevo, pero aun así la empresa requiere de un equilibrio entre ambas categorías.

p. Evite cometer los siete pecados del servicio al cliente.

Imagen 40. Los siete pecados del servicio al cliente

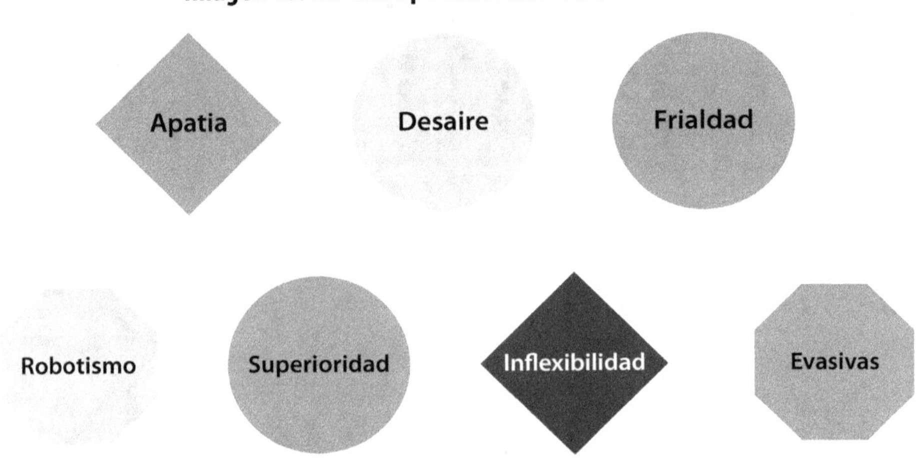

Fuente: elaborado por César Andrés Gómez García.

7.3. Máximas y recomendaciones

a. No subestime bajo ningún criterio, por más objetivo que parezca, las cualidades y aptitudes del cliente.

b. Existen muchos manuales, pero recuerde que el servicio al cliente no es una cuestión de manuales, sino de filosofías.

c. Jamás le diga a un cliente "no", en primera instancia. Es necesario implementar una cultura positiva y colaborativa ante las solicitudes de los clientes internos y externos.

d. Una compañía que no se preocupe por capacitar a sus empleados dentro de una cultura de atención, verá afectado su negocio. Esta es la herramienta más poderosa y menos costosa por excelencia.

e. Nunca confronte ni rete a los clientes, siempre perderá.

f. No basta con satisfacer las expectativas de un cliente, hay que superarlas.

g. Crear negocio es encontrar la necesidad de un segmento y satisfacerla.

h. Es más difícil mantener un cliente que traer uno nuevo a la empresa. El objetivo es brindar el mejor servicio a los clientes actuales para mantenerlos.

i. La clave es mantener a un cliente satisfecho. El cliente vuelve porque se le dio un excelente servicio.

j. El problema no es ser, el problema es aparentar ser. Los hechos son los que hacen la diferencia.

k. El respaldo postservicio es más importante que la calidad, dado que esta la intuye el cliente.

CAPÍTULO 8

TECNOLOGÍAS Y SISTEMAS DE INFORMACIÓN

Los sistemas de información son el instrumento de gestión de la información, cuyo objetivo es crear y mantener una base de datos estadística e informativa sólida y útil para tener un conocimiento veraz de la realidad del volumen y del desarrollo de los diferentes modos de transporte de mercancías. De allí la necesidad que tiene cada empresa de adquirir aquellos que más se adecúen a su operación y modelo de negocio, de tal forma que puedan soportar la creciente demanda.

8.1. Las TIC (tecnologías de la información y la comunicación)

Desde hace décadas, las tecnologías impactan en la relación inicial y final de la cadena logística. Esta se ha caracterizado por:

- Una gran cantidad de datos.
- Almacenamiento de datos cada vez más accesibles y de bajo costo.
- Incremento de la velocidad en el procesamiento de los datos.

- Conectividad en todo momento, en especial con la tecnología móvil inalámbrica.
- Nuevas herramientas y técnicas que permiten mayor visualización, almacenamiento y procesamiento de datos.

Disponer de datos e información en tiempo real permite a los ejecutivos de la cadena logística reaccionar rápidamente a las cuestiones operativas, tomar decisiones informadas y acciones apropiadas, basadas en información actualizada.

8.1.1. TIC y SCM

En la actualidad, las empresas de diferentes sectores y tamaños se están basando en las TIC para transformar la manera de realizar negocios, integrar procesos, mejorar la productividad y las relaciones con las empresas colaboradoras.

La cadena de suministro no ha sido ajena al impacto de las TIC, las cuales han influido positivamente en su funcionamiento, debido a que esta opera en un ambiente globalizado y cambiante, en el que la información oportuna y de calidad se convierte en la mejor aliada. La utilización de las TIC se ha intensificado gracias a su rápido desarrollo y aplicabilidad en los procesos logísticos. Además, si se considera la cantidad y complejidad de los procesos y actividades que implica la cadena de suministro, se hace casi obligatorio la utilización de las TIC para el tratamiento y posterior análisis de la información. Además, utilizarlas en la logística conlleva a la reducción de costos y a la mejora del flujo de bienes a través de la cadena de suministro, en la medida que pueden proporcionar ventajas potenciales como la reducción de tiempos de ciclo, la reducción de inventarios, la minimización del efecto látigo y la mejora de la efectividad de los canales de distribución.

La aplicación de las TIC en la cadena de suministro presenta inconvenientes en su elección e implementación, tales como: falta de integración entre ellas y el modelo de negocios, poca planificación estratégica, aplicaciones insuficientes para el manejo de la empresa virtual e inadecuada aplicación del conocimiento en la SCM. A pesar de estos inconvenientes, las TIC son esenciales.

Existe una gran variedad de TIC para los procesos logísticos de la cadena de suministro. Entre las más comunes aplicadas a la logística de entrada se encuentran: el EDI (*electronic document interchange*), el VMI (*vendor management inventory*), el CRP (*continuous replenishment program*), el *e-procurement* y el *e-sourcing*. Para la logística interna, se consideran el ERP (*enterprise resource planning*), el MRP I (*material requirements planning*), el MRP II y el WMS (*warehouse management system*). Por último, para la logística de salida se consideran el TMS (*transportation management system*), el EDI, el EPC (*electronic product code*), entre otros.

8.1.2. Las TIC en la logística de aprovisionamiento

La logística de aprovisionamiento o de entrada es considerada dentro de la logística externa, debido a que se enfoca en planificar y gestionar las actividades relacionadas con los agentes de la cadena de suministro que proveen la materia prima y la información necesaria para la producción del bien o la prestación del servicio. Las principales TIC aplicadas a esta son:

- **EDI (*electronic data interchange*):** transmisión electrónica de documentos comerciales normalizados entre ordenadores, de modo que la información pueda ser procesada sin necesidad de intervención manual. Si las transacciones e intercambio de información entre empresas son automatizadas y normalizadas por medio del EDI, se pueden mejorar el aprovisionamiento y la SCM.
- ***E-procurement*:** herramienta que permite automatizar los procesos tácticos y el flujo de información asociados con el aprovisionamiento. Además, automatiza el proceso de compras, a través del *software* y de la tecnología de internet, y mejora la relación entre el comprador y el vendedor compartiendo información ágil y continua. Las soluciones *e-procurement* se basan la optimización del proceso de aprovisionamiento (productos

estandarizados y altos volúmenes), a través de la utilización de catálogos para la realización de pedidos, la automatización de las aprobaciones de órdenes de compra y el establecimiento de controles para hacer cumplir las políticas de aprovisionamiento establecidas para compradores y proveedores.

- **VMI (*vendor-managed inventory*)/CRP (*continuous repleni-shment program*):** sistemas de aprovisionamiento basados en el intercambio de información (internet/EDI), de tal forma que es el propio proveedor quien gestiona los niveles de *stock* de su empresa cliente y genera los pedidos. El VMI se presenta cuando el proveedor controla los inventarios del cliente y reabastece las cantidades necesarias. Además, se ha incrementado el uso del VMI debido a que nos encontramos en una era en la cual la información acerca del consumo y las necesidades de la empresa pueden ser fácilmente transmitidas a los proveedores.

8.1.3. Las TIC en la logística interna

La logística interna o de fabricación se enfoca en planificar y gestionar las actividades relacionadas con la transformación de la materia prima en producto terminado e incluye los procesos de almacenamiento, producción y *picking*. Las principales TIC aplicadas a esta son:

- **ERP (*enterprise resource planning*):** se traduce como planificación de recursos de la empresa. Son programas de *software* concebidos para gestionar de forma integrada las funciones de la empresa, por lo cual facilitan e integran información entre las funciones de manufactura, logística, finanzas y recursos humanos.
- **WMS (*warehouse management system*):** subsistema de información que ayuda en la administración del flujo del producto y el manejo de las instalaciones en la red logística. Además, se considera que controla las operaciones que alimentan de materia prima y componentes al proceso de producción, y atiende las órdenes de pedidos de los clientes.

- **Código de barras**: herramienta que sirve para capturar información relacionada con los números de identificación de artículos comerciales, unidades logísticas y localizaciones de manera automática e inequívoca en cualquier punto de la red de valor. La verdadera eficiencia se alcanza cuando todos los actores de la cadena de suministro unifican el código del producto.

- **RFID (*radio frequency identification*)**: término genérico para denotar todas las tecnologías que usan como principio ondas de radio para identificar productos de forma automática. Involucra el uso de etiquetas especiales o *tags* que emiten señales de radio a unos dispositivos llamados lectores.

  Las principales ventajas de su utilización en logística interna son: mayor capacidad de memoria de almacenamiento de datos respecto al código de barras; la información contenida en las *tags* es variable, por lo cual son reutilizables, mientras los códigos de barras no; las *tags* pueden ser leídas de forma simultánea, mientras que los códigos de barras deben ser leídos uno por uno; no es necesario el contacto visual entre el lector y la etiqueta; las actualizaciones del *stock* y las ubicaciones se realizan en tiempo real; y el número de errores se reduce prácticamente a cero.

- ***Pick to light* y *pick to voice***: sistemas de *picking* que no utilizan papeles, sino que se basan en redes luminosas y sistemas de voz, respectivamente. El *pick to light* tiene como componente básico una serie de indicadores luminosos que guía al operario tanto en términos de ubicaciones de *picking* como en cantidades a recoger. Una vez realizada la operación, se pulsa un botón de confirmación y el *stock* se actualiza en tiempo real. En el *pick to voice*, el operario del almacén lleva un receptor y un auricular para recibir y transmitir mensajes cortos sobre la operación que está realizando.

Imagen 41. *Pick to light*

Fuente: Biblioteca del High Logistics Institute.

Imagen 42. *Pick to voice*

Fuente: Biblioteca del High Logistics Institute.

8.1.4. Las TIC en la logística de salida/distribución

La logística de salida se considera dentro de la logística externa debido a que se encarga de planificar y controlar los procesos de distribución y relación con los clientes finales. Además, gestiona las relaciones con los procesos logísticos internos, tales como el almacenamiento y el *picking*. Las principales TIC aplicadas a la logística de salida son:

- **TMS (*transportation management system*):** subsistema de información que ayuda en la administración, la planificación y el control de las rutas de transporte de carga y en la optimización de la red de distribución. Se combina con mapas digitales de las zonas a distribuir y mejora la volumetría y los tiempos de entrega a los clientes finales.

- **CRM (*consumer relationship management*):** administración de las relaciones con el consumidor es un *software* que permite identificar a los clientes en sus hábitos de compra y frecuencia de demanda, con el fin de mantenerlos y retenerlos. Incluye las áreas de marketing, ventas y servicio al cliente.

- **EPC (*electronic product code*):** sistema que usa la radiofrecuencia para la identificación automática de productos de consumo, a través de la cadena de suministro. El EPC mejora el flujo de la información en la cadena de suministro en tiempo real, lo que permite realizar un despacho rápido y asegura la disponibilidad de productos en el momento y la cantidad que el cliente lo desee. Además, permite mejorar la trazabilidad y generar valor. El EPC contiene la información que hoy está en el GTIN (*global trade item number*) del código de barras, más otros datos. Sin embargo, los costos de los *tags*, las antenas lectoras y el *software* se convierten en un obstáculo para su implementación.

Imagen 43. Etiqueta RFID

Fuente: Biblioteca del High Logistics Institute.

- **GPS (*global position system*)**: sistema de satélites que permite determinar la posición de un objeto con exactitud. La aplicación del GPS en la cadena de suministro se enfoca en el monitoreo de las cargas y los camiones. Sus ventajas son la reducción de costos, debido al mejor control sobre la flota de transporte, y el aumento de la seguridad, gracias a la trazabilidad de los productos.

Imagen 44. *Global position system* (GPS)

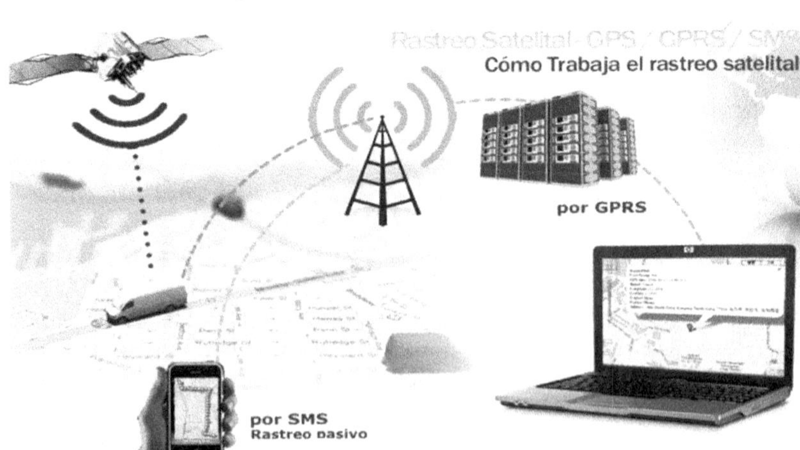

Fuente: Biblioteca del High Logistics Institute.

8.1.5. Nuevas tendencias

- **Los teléfonos inteligentes, las tabletas, el *cloud computing*** o el intercambio de datos entre máquinas (*machine to machine technology*, M2M), el *voice picking* o los *smart glasses* se utilizarán cada vez más en las tareas operativas, como la recolección, el embalaje, la recogida y las instrucciones de entrega, la selección de transportistas, etc.

- *Big data*: engloba un conjunto de herramientas que permite obtener ventajas competitivas para las empresas que sepan extraer las conclusiones adecuadas, siendo además el foco para identificar nuevas tendencias o crear conceptos innovadores, a partir del análisis de los datos en tiempo real o estudiando el comportamiento de datos históricos.

- *Additive manufacturing* **(impresión 3D):** calificada como una de las tecnologías que revolucionará la producción industrial, flexibilizando y adaptando la producción a las necesidades de cada mercado, y estimulando la formación de una economía circular (o en red). Entre los beneficios de su irrupción se mencionan la reducción de los costos y simplificación de procesos; el ahorro de tiempo en la fabricación de productos; la construcción de elementos que antes no eran posibles y la mejora de la productividad.

- **Sensores de bajo costo**: es probable que la irrupción de esta tecnología aumente el uso de los sensores en muchos procesos, posibilitando la creación de infraestructuras logísticas inteligentes, dado el potencial de estos en la integración de la producción y los procesos logísticos.

8.1.6. E-logística, el nuevo modelo de negocios para una empresa competitiva

Internet está cambiando muchas cosas a pasos agigantados y, entre ellas, la manera de hacer negocios, los hábitos de compra, la utilización de intermediarios, la logística, el uso del dinero, los medios de pago, el concepto de tiempo libre, el concepto de servicio, se están presentando nuevas oportunidades de llegar directo al cliente, de tener un negocio de la manera más rápida posible, de incrementar un negocio pudiendo acceder a clientes en todo el mundo, de competir en igualdad de condiciones (en la red los grandes parecen pequeños y los pequeños parecen grandes), y la oportunidad de parecer estar cerca de todo y de todos.

Al objetivo básico de la logística, que es entregar el producto o servicio correcto en la cantidad requerida, en las condiciones adecuadas en el lugar preciso, en el tiempo exigido y al menor costo posible, debemos agregarle y con valores adicionales percibidos el comercio electrónico B2B (*business to business*), B2C (*business to consumer*), que en el corto plazo desplazará o rediseñará algunas funciones tradicionales en las compañías y pondrá más exigencias a la logística y el gran problema será que el cliente querrá recibir el producto lo más rápido posible, lo cual es extraordinariamente complejo, cuando se tienen compradores y oferentes dispersos en cualquier parte del mundo.

Lo anterior significa que las empresas deben rediseñar sus procesos en función de adaptar su estructura operativa a las nuevas exigencias del comercio electrónico y buscar ser competitivas aprovechando las ventajas que ofrece el internet para aumentar sus ventas y optimizar su suministro.

Se está accediendo a una nueva manera de hacer negocios, a una nueva manera de comprar y hacer transacciones de comercio donde la velocidad de la transacción completa (hasta que se entrega un bien o servicio) es el factor diferenciador que todos deben buscar. Ese valor agregado es simplemente velocidad y precio, una compra por internet debería representar un ahorro entre el 20% y el 30% para el comprador.

Las operaciones del comercio electrónico se han convertido en el ámbito mundial en un factor decisivo para las empresas, aprovechando las ventajas y la tecnología que ofrece el servicio de internet y su gran capacidad de respuesta de los consumidores finales en tiempo real. La e-logística se convierte en un factor clave de éxito para las empresas que comercializan sus productos en la red, mediante la aplicación de funciones como compras, abastecimientos, manejo de inventarios y entregas, con el propósito de operar de forma efectiva los bienes y servicios a los consumidores finales, generando ventajas competitivas, rentabilidad en el negocio y satisfacción de las expectativas del cliente.

Igual que los clientes pueden estar en cualquier lugar del mundo también los proveedores pueden estar en cualquier lugar para compras virtuales (*e-procurement*), esto transforma la antigua logística y la convierte en una logística digitalizada y global, con esto el comprador cibernauta desea que las relaciones siempre sean por medio de la web y, por tanto, demandará información del estado de su compra, tiempo de llegada de su producto vía internet y en tiempo real. No quiere relacionarse con personas, solo con un computador.

El e-cumplimiento (*fulfillment*) tendrá dos grandes desafíos; entregas en menores plazos posibles y una alta eficiencia para mantener precios competitivos, las empresas de transporte que alcancen la excelencia en estos puntos darán un paso esencial en la guerra del comercio electrónico, de ahí la importancia que la función de distri bución se convierte en un factor clave de éxito en las empresas que comercializan sus productos en la red, las cuales deben seleccionar una empresa de transportes o distribuidora adecuada a las variables logísticas de los pedidos (costo, precio, volumen), y de esta manera negociar un flete que no afecte el margen de rentabilidad del producto, principalmente si se están transportando elevados volúmenes de mercancía, que permiten reducir las tarifas que se apliquen.

Oportunidades de mejora

Se ha encontrado entonces que la logística se convierte en soporte de todas las operaciones virtuales y ahí está el problema del engranaje logístico que aún no está alineado con la red.

Falta conciencia logística en las organizaciones, aún no se han dado cuenta de que fortaleciendo esta área le están dando más vida futura a su negocio, esto pareciera fácil de hacer, pero aún las compañías están lentas en este proceso.

La verdad es que ahora la compra de un producto por internet puede salir más cara que ir a la tienda de la esquina, por una razón sencilla, el volumen de negocios todavía no está dado y el costo del transporte es demasiado alto.

Todavía hay numerosas empresas que entienden internet como una forma de publicitar sus productos o servicios, y no como una oportunidad de comercializarlos, y es un paradigma que hay que cambiar.

Recomendaciones

Estas son algunas sugerencias para las empresas involucradas en el *e-commerce* y los agentes de la cadena de distribución de mercancías:

- Las empresas virtuales deben buscar alianzas con operadores logísticos nacionales e internacionales, negociando tarifas especiales de acuerdo con el volumen de pedidos y el margen de cada producto y lograr en un futuro incluir el valor del flete en el precio del producto.
- Las empresas de transporte de carga deben incursionar en la aplicación de tecnologías de seguimiento satelital de los envíos y así permita que el cliente pueda acceder a consultar el estado de su pedido.
- Los profesionales de la logística deben prepararse para afrontar el reto que impone el internet adaptándose rápidamente a las modificaciones sustanciales que se están presentando en la cadena de suministro y distribución de mercancías.
- Las tiendas virtuales deben tener claras sus estrategias de distribución, aumentar la confianza y credibilidad de su clientela real y potencial, y no deben crear falsas expectativas de servicio que no pueden cumplir.

La alta dirección de las empresas transportistas, a nivel general, tiene que asimilar culturalmente la tecnología como un poderoso aliado potencial en el diseño y prestación de nuevos servicios a sus clientes.

Finalmente, las empresas competitivas en un futuro cercano serán aquellas que adapten y apliquen mejor al nuevo modelo logístico virtual a sus consumidores finales y que se caractericen por trabajar fuertemente en reducir el tiempo de entrega y tengan un adecuado manejo en línea (*tracking*) de información de los envíos de sus clientes, elementos imprescindibles en las ventas y distribución de productos que se manejan en el comercio electrónico.

8.2. Principios aplicables a las tecnologías y los sistemas de información

a. Antes de implementar un *software* en un centro de distribución se debe asegurar primero de que los procesos logísticos estén alineados y organizados, de tal forma que se logren evitar problemas de implantación.

b. Es indispensable asegurar y garantizar la experiencia de los posibles proveedores que pretendan suministrar el sistema de información que se desea.

c. Se debe definir de forma clara y puntual cada uno de los compromisos, derechos y deberes de las partes que componen el contrato de desarrollo de sistema de la información desde un inicio.

d. Es necesario considerar la evolución de las necesidades del sistema de información desde un principio, puesto que el sistema debe ser flexible y fácil de reorientar, según las necesidades del mercado, de allí que este apartado debe definirse desde un inicio en la negociación con el proveedor.

e. Como principio fundamental, recuerde que la subcontratación de un sistema de este tipo, permite la manipulación de información sensible y vital de una determinada empresa a terceros, los cuales pueden ofrecer el mismo servicio a la competencia directa, de allí la necesidad de establecer acuerdos de confidencialidad en la fase de negociación.

f. No necesariamente el *software* que maneja la competencia o el más popular es el mejor, por lo tanto, mantenga siempre en mente que cualquier inversión de este tipo debe ir soportada cualitativa y cuantitativamente según las necesidades, los objetivos, la misión y la visión de la organización.

g. No automatizar el caos se refiere a que antes de la compra de su *software* logístico se deben evaluar las necesidades clave de la optimización de la cadena de suministro y el estudio previo de costo-beneficio de la implementación de la herramienta, para incurrir en altas inversiones innecesarias.

Imagen 45. Sistemas de información

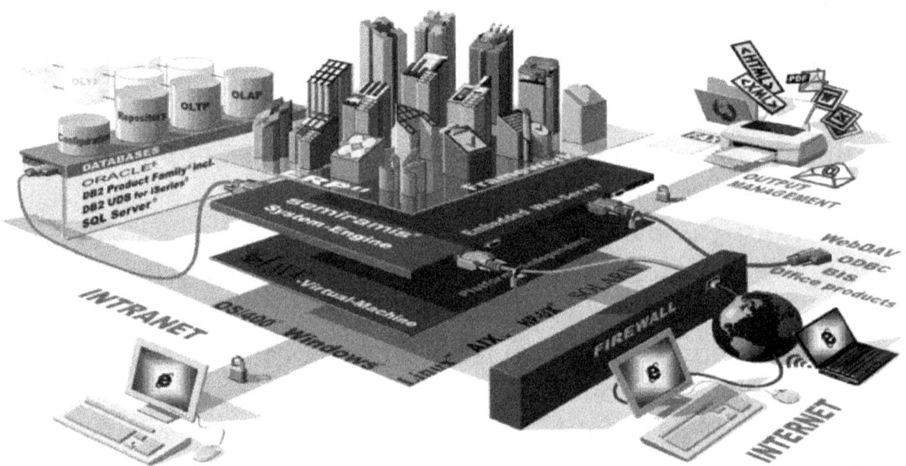

Fuente: Silpol (s. f.).

Consideraciones clave en la compra del software logístico

Las interrogantes o variables a tener en cuenta frente a cualquier sistema o *software* son:

a. ¿La funcionalidad del sistema se ajusta a las necesidades y los requerimientos de la empresa?

b. ¿La relación costo-beneficio, global o particular —en caso de requerir un proceso de instalación de módulos individuales y progresivos—, es mayor o muy cercana a uno?

c. ¿Qué beneficios tangibles e intangibles (considerando ahorros) ofrece el sistema a la empresa?

d. ¿El sistema ofrece actualizaciones periódicas de forma relacionadas con las necesidades de la empresa y de fondo relacionadas con las necesidades del mercado?

e. ¿El contrato de prestación de servicio ofrece servicio y soporte técnico 24/7?

f. ¿Identificó plenamente un caso de éxito anterior del sistema que se desea instalar?

g. ¿El sistema en cuestión permite acceso y operación en red desde cualquier dispositivo y en cualquier lugar, cuando menos a información básica para cada cargo operativo y administrativo?

h. ¿El *software* permite la migración y el acoplamiento de la información o sistema parcial que se emplea en la actualidad o al de un futuro proveedor?

i. ¿Cómo de eficiente y eficaz es el sistema de seguridad aplicado al *software*?

j. ¿El tiempo de puesta en marcha y de capacitación del cliente interno es igual o inferior al necesario o estipulado por la empresa interesada?

k. ¿La calidad y velocidad del sistema se adecúa a los requerimientos exigidos?

De igual forma, se presentan los aspectos que la empresa debe garantizar respecto al proveedor de *software* y la comunicación que se pretenda seleccionar:

a. ¿Existe riesgo de una dependencia total e indefinida hacia este proveedor?

b. ¿Qué tan buena reputación tiene este proveedor en el mercado?

c. ¿El posible proveedor demuestra documental y contractualmente evidencias de prestación de servicios de la misma naturaleza en el mercado?

d. ¿Qué formas y tiempos de pago ofrece el proveedor?

e. ¿El nivel de solvencia económica del proveedor es suficiente?

f. ¿El posible proveedor ofrece capacitación y formación para el cliente interno de la empresa respecto al desarrollo de habilidades de interpretación, acceso, manejo y mantenimiento del *software*?

CAPÍTULO 9

GESTIÓN DEL TALENTO HUMANO

El recurso humano es el principal activo de las organizaciones modernas que valoran el talento humano, el cual es clave en la gestión logística para la ejecución exitosa de las operaciones cotidianas, operativas y administrativas en la cadena de suministro.

El nombre de los cargos ha tenido una evolución en las organizaciones según la denuncia y valoración del talento humano, con el fin de aumentar la importancia, la autoestima y la preponderancia en la gestión logística interna y externa. A continuación, se presentan los cargos y los nuevos nombres que se están adoptando en el medio logístico:

Imagen 46. Importancia del talento humano

Fuente: Archivos de logística de High Logistics Institute..

9.1. Principios aplicables a la gestión del talento humano

a. Las seis competencias que debe tener un buen y efectivo gerente de logística y de cualquier área son:
   - Rodearse de gente competente.
   - Consultar y tomar decisiones en consenso.
   - Usar indicadores de gestión.
   - Congeniar con su personal subordinado.
   - Involucrarse en la operación.
   - Dar reconocimiento y valor a su personal de apoyo.
b. Un líder es quien acepta las ideas de sus colaboradores y, a su vez, reconoce las capacidades de estos.
c. Verifique su nivel de rotación de personal y asegúrese de que se encuentre en el menor rango posible, dado que una empresa con altos indicadores en esta variable, es una empresa sin compromiso ni responsabilidad social empresarial y destinada al fracaso.
d. Tenga siempre presente que una empresa de éxito es la que combina a profesionales con experiencia y jóvenes altamente capacitados e intrépidos con mente abierta.

e. Un excelente gerente se rodea y acepta los aportes e ideas de quien demuestra un claro conocimiento sobre un tema específico.

f. Dedique un tiempo prudencial (de 10 a 15 minutos) a saludar de forma personal y directa a sus empleados al inicio de cada jornada, de tal forma que demuestre interés por ellos.

g. Asegúrese de generar un trato igualitario y equitativo que permita un transparente manejo de los conflictos entre sus empleados.

h. Mantenga la motivación de sus empleados a través de incentivos que promuevan en estos el máximo y mejor rendimiento.

i. Si un empleado permanece en una misma posición empresarial durante cinco o más años, con gran seguridad será un empleado cuya motivación y productividad empezarán a decrecer, de allí la importancia de generar oportunidades de ascenso y mejora de calidad de vida dentro de la organización.

j. Teniendo en cuenta el punto anterior, se puede esperar que dicho empleado tienda a ser resistente al cambio, volverse paradigmático y proclive a ser reactivo. Es positivo buscar nuevos cargos y retos para oxigenarse.

k. Se dice que, en el trabajo, nadie es indispensable. De allí lo importante de convertirse en alguien indispensable.

l. Diseñar procesos de selección del personal de conducción. Exigir a las empresas que tercerizan dichos procesos que las pruebas incluyan un test de conocimiento escrito y en sitio, exámenes médicos rigurosos, exámenes psicológicos y pruebas prácticas de recorrido.

m. Pensar de forma global para actuar de forma local o regional. La capacitación y actualización sobre las tendencias y tecnologías punta que son vanguardia en el mercado son la guía para la toma de decisiones empresariales a medio plazo, para aplicarlas a la realidad del mercado local donde operan las empresas.

n. Un individuo con clara capacidad de liderazgo es aquel que no se centra en la identificación y señalización de responsables, sino aquel que identifica y señala posibles soluciones u oportunidades de mejora.

Imagen 47. Importancia del liderazgo

Fuente: Sistemas de información gerencial (2011).

9.2. Máximas y recomendaciones

a. ¿Esta es la organización en la que quiere estar? Su personal debe sentirse a gusto donde está para generar satisfacción a quien lo visita.

b. Recuerde que las personas son el principal activo de la organización y requieren de un buen proceso de gestión que las considere como tal y no como un simple recurso.

c. Evite considerar a su cliente interno como un empleado y asciéndalo al rol de "socio" de la organización: si bien no invierte capital, sí invierte compromiso, tiempo, dedicación y riesgos para llevar la empresa al éxito.

d. Considere los recursos humanos como una ventaja competitiva en función de las competencias que poseen y que están en disposición de utilizar en el cumplimiento de su trabajo como participantes activos de la organización.

e. Indiferentemente de la labor que desempeñe, capacite y motive a su cliente para el uso básico de las tecnologías de la información y la comunicación, las cuales son una herramienta poderosa para generar soluciones o ideas innovadoras.

f. Ponga en práctica el uso de las tres "M" gerenciales, de tal forma que en todo momento motive a su cliente interno, mantenga su confianza y maximice su esfuerzo.

g. Una "palmadita" o un "muy bien hecho" siempre serán mejor para un empleado que cualquier compensación económica. Por lo tanto, aprenda a reconocer y agradecer el esfuerzo individual o colectivo.

CAPÍTULO 10

COSTOS LOGÍSTICOS

El cálculo de los costos logísticos implica mantener un control riguroso del comportamiento y la rentabilidad de un artículo en particular, puesto que las características físicas y comerciales de un bien demandan esfuerzos de abastecimiento y costos diferenciados. Por lo tanto, el desarrollo y la optimización de la cadena de suministro están influenciados decisivamente por los costos logísticos, la adecuada gestión de los mismos y las acciones tendientes a disminuirlos, las cuales deben ser prioridad de gerentes y directores.

Dentro de las actividades inherentes a la cadena de valor proveedor-cliente, se incurren en costos asociados a los procesos logísticos de suministro y distribución de mercancía, que conforman la estructura básica de los costos logísticos y son las actividades que las empresas deben racionalizar, minimizar y optimizar, con el fin de mejorar el margen entre las ventas netas y los gastos totales de operación. De esta manera, se contribuye al aumento de la rentabilidad para poder competir en los mercados actuales.

A continuación, se discriminan los costos relacionados con los procesos anotados anteriormente:

Esquema 12. Detalles de los costos logísticos

Detalle costos logisticos

Aprovisionamiento →	· Pedidos · Compras →	· Pedidos · Compras · Documentos
Almacenamiento →	· Espacio · Arriendo · Impuestos · Seguros →	· Costos de oportunidad · Rotura de *stock* · Control de existencias
Distribución →	· Espacio · Arriendo · Unitarilización →	· Fletes
Administración →	· Administración de personal · Flujos de información	

Fuente: elaboración propia.

10.1. El impacto de los costos logísticos en las organizaciones

El desarrollo y la optimización de la cadena de suministro están influenciados decisivamente por los costos logísticos. La adecuada gestión de los mismos y las acciones tendientes a disminuirlos deben ser prioridades para los gerentes y directores de logística. El efectivo manejo de los costos y gastos debe ser reconocido por la alta gerencia, que, en primer lugar, debe destacar los logros en este aspecto por su impacto en la rentabilidad de la organización, principalmente cuando las ventas son estáticas o van en descenso.

El gerente de logística no se debe quedar en el análisis de los costos por proceso, sino por actividades y tratar de identificar y costear cada operación logística con los costos inherentes, para saber los costos ABC de cada actividad y poder ejecutar correctivos y planes de reducción de costos basados en este importante análisis.

Se debe mantener un buen equilibrio entre los costos logísticos y los niveles de servicio para que se aumente la efectividad en las entregas, sin aumento exagerado de los costos de servir. En este proceso debe participar el área comercial para que las políticas de ventas no sean antagónicas a la racionalización de los costos logísticos, en función de los niveles de inventario, gastos de transporte y niveles de cumplimiento como se refleja en la siguiente gráfica.

Imagen 48. Costos vs. servicio

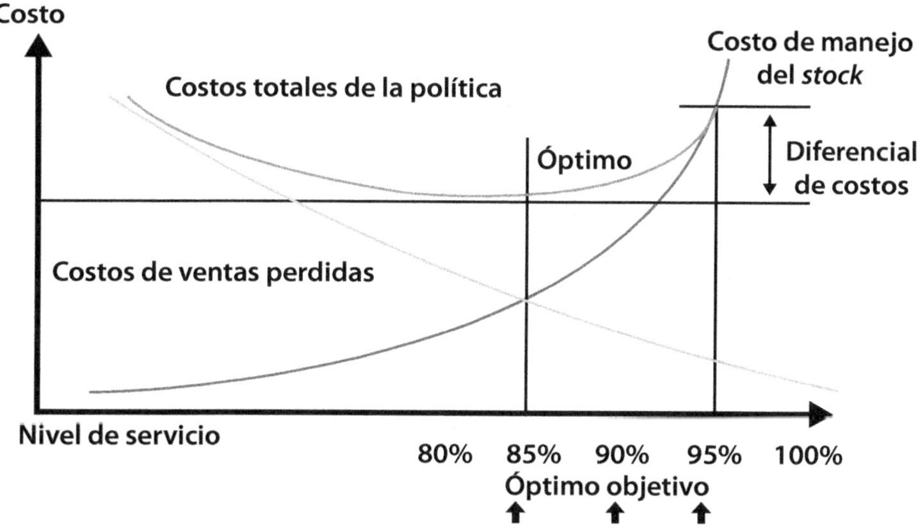

Fuente: Biblioteca del High Logistics Institute.

Los costos logísticos constituyen uno de los elementos fundamentales dentro de la administración de la cadena de suministro. Su impacto es decisivo para los planes y acciones que la organización pretenda formular y desarrollar hacia el cumplimiento de su misión y visión.

Dentro de las actividades inherentes a la cadena de valor proveedor-cliente se incurren en costos asociados a los procesos logísticos de suministro y distribución de mercancía, los cuales conforman la estructura básica de los costos logísticos y son las actividades que las empresas deben racionalizar, minimizar y optimizar, con el fin de mejorar el margen entre las ventas netas y los gastos totales de operación, y de esta manera contribuir con el aumento de la rentabilidad para poder ser competitiva en los mercados actuales.

Imagen 49. Costos logísticos

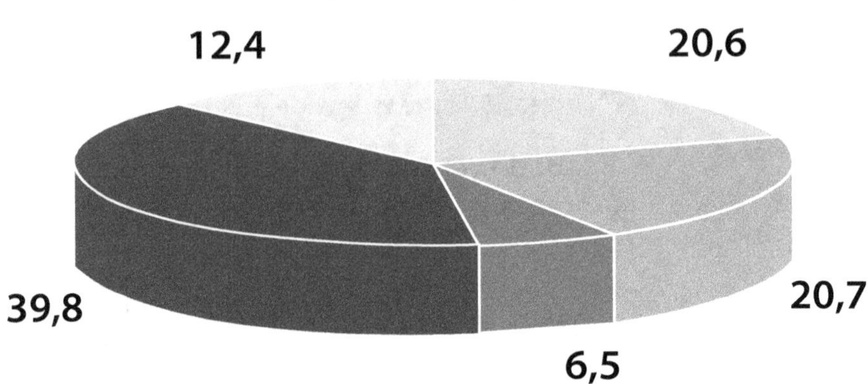

Fuente: Biblioteca del High Logistics Institute.

10.2. Principios aplicables a los costos logísticos

a. Durante la etapa de crecimiento y consolidación de una marca o empresa, todo beneficio debe ser reinvertido en el mismo o en otro modelo de negocio.

b. Recuerde siempre que la mejor opción de inversión parte de la diversificación de los recursos; por lo tanto, como establece el proverbio inversionista, "no coloque todos los huevos en la misma cesta".

c. Cuando desee tomar una inversión de riesgo financiada con créditos a terceros, no es recomendable hacerlo por encima del 50%, si su empresa no se encuentra consolidada en el mercado.

d. Celebre una buena venta el día que la ejecute, pero al día siguiente no viva de ella, déjela en el pasado y propóngase vender más.

e. Recuerde manejar clientes que proporcionen volumen, así como clientes que proporcionen rentabilidad para mantener el equilibrio.

f. Recuerde que, si se generan elevados volúmenes de ventas de un mismo producto, el beneficio a partir de un punto de equilibrio decrecerá. En el caso contrario, cuando se vende un producto diferenciado y segmentado, su beneficio es alto y su volumen de venta es bajo.

g. Los clientes ocasionales dan rentabilidad para los clientes frecuentes. La empresa debe asegurarse de mantener ambos tipos de clientes.

h. Al orientarse hacia la reducción de costos que es posible controlar, recuerde que cerca del 60% del costo de producción es la materia prima.

i. Todo proyecto formulado y ejecutado debe orientarse al ahorro en costos o al incremento en el beneficio percibido.

j. Preste atención a los pequeños detalles que le permitan generar un ahorro sustancial en sus costos de producción.

k. Las empresas deben vender productos o servicios generando margen, ganancias.

l. Las unidades, las decenas, las centenas y los millones no se protegen por sí solos, preste atención a los decimales en toda transacción que realice en moneda internacional (dos decimales para dólares y cuatro decimales para euros o libras), puesto que de céntimo en céntimo por unidad su negocio puede no ser tan rentable.

m. Si posee el capital o un método de apalancamiento cómodo y confiable, siempre adquiera materiales, herramientas y equipos nuevos de forma preferencial sobre algún usado.

n. Si adquiere un nuevo activo y logra soportar dicha deuda en el largo plazo (máximo cinco años), puede establecerse con 100% de seguridad que realizó una compra eficaz y eficiente.

o. Si el costo de mantenimiento de un vehículo es mayor o igual al 50% del valor del mismo, es recomendable venderlo.

Esquema 13. Principales problemas de la industria

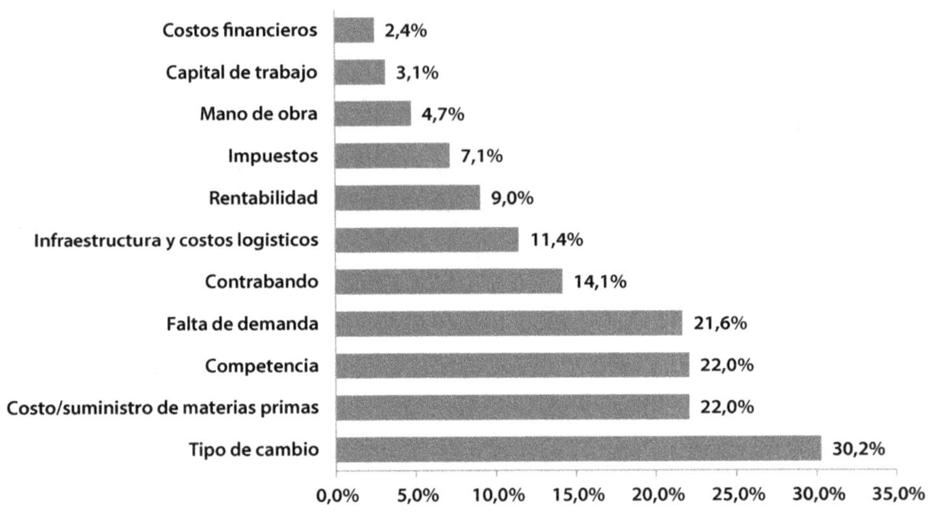

Fuente: ANDI (2015).

10.3. Máximas y recomendaciones

a. Los millones no se cuidan solos, se deben controlar los céntimos que se generan en las operaciones logísticas cotidianas.

b. En las empresas modernas se venden productos que generen rentabilidad. No solo se trata de vender, sino de generar beneficios.

c. No se endeude por encima de su capacidad de pago.

d. Ahorre siempre al menos el 10% de lo ganado para futuras reinversiones.

e. Se conservan beneficios, no *stocks* o inventarios.

f. Una venta no implica beneficio.

g. Si el producto es de bajo coste, transpórtelo con flota propia.

h. Produzca bajo pedidos, no bajo supuestos ni presentimientos.

i. Es más práctico formular proyectos para ahorrar que para comprar.

j. El 70% de las ventas se pueden dar en los sistemas de autoservicios.

k. Cuando se vende un producto diferenciado y segmentado, su beneficio es alto y su volumen de venta es bajo.

l. Los clientes ocasionales dan mayor rentabilidad para los clientes frecuentes, con respecto al volumen de compra.

Como último complemento a este libro, se incorpora una serie de principios y máximas generales, para que los profesionales la asuman como filosofía de vida:

CAPÍTULO 11

OTROS PRINCIPIOS Y MÁXIMAS

- El mercado necesita gente que ame lo que hace, no el lugar donde lo hace.
- Para las pymes es mejor aplicar una logística de entrega por *outsourcing*.
- Para productos delicados y perecederos, se aconseja usar transporte propio.
- No confíe solo de los promedios, verifique la desviación estándar del proceso.
- Reconozca cual es el *core business* de su empresa antes de tercerizar.
- Es importante mantener al cliente; pero mucho más al cliente interno.
- Aprenda a escuchar objetivamente las opiniones de los demás antes de implantar las suyas.
- En la medida de lo posible, aprenda los nombres de sus compañeros de trabajo y entable conversaciones amigables con ellos.
- No necesariamente lo que produce o diseñe su empresa le debe gustar a usted.

- El sentido común es el menos común de los sentidos.
- Use cada día como una oportunidad para aprender algo nuevo.
- Desarrollar la logística implica hablar y entender inglés.
- Todos los días, incluso en nuestra vida personal, practicamos la logística.
- Si no sabe para dónde va ni qué dirección seguir, tómese el tiempo necesario para meditar.
- La clave no es tener toda la información, sino saberla emplear.
- Los datos y la información son dos términos muy distintos, dado que la agrupación ordenada de los primeros permite generar la segunda.
- El resultado final de la cadena depende de todos sus miembros, por ende, es inoficioso esforzarse individualmente y exclusivamente en ser el mejor.
- No confunda el éxito particular de uno de los eslabones de la cadena, con el posible éxito que puede tener la cadena misma.
- Recuerde que los ciclos de vida de los productos son cada vez más reducidos (consumismo).
- Por más que sea una pyme o incluso una gran empresa, defina claramente las funciones y los roles de su personal. No cometa el error de saturar cargos.
- Un sistema eficiente y eficaz de transporte contribuye a una mayor competencia en el mercado.
- No tema al éxito, es normal que los hijos crezcan y quieran independizarse.
- No tema al fracaso, los grandes empresarios e inversionistas quiebran durante buena parte de sus vidas para encontrar el horizonte.
- Nunca se pierde, simplemente se aprende.
- Un buen gerente no se preocupa por saber hacer todo, se preocupa por aprender a interpretar lo que cada profesional sabe hacer.
- El éxito no es un destino específico, es la dirección que cada quien elige.
- Aprenda a quererse y conocerse antes de pretender liderar y orientar a alguien más.

- Recuerde que el mundo necesita gente que haga lo que ame, no que aprenda a amar lo que ya hace.
- No se preocupe por ser un genio de una rama específica del conocimiento, desarrolle la inteligencia más importante y sea un genio de la perseverancia.
- El esfuerzo y la dedicación no tienen ningún sentido si no se cree en uno mismo.
- La ley de la reciprocidad es universal, por lo tanto, debemos aprender a dar para recibir.
- Nunca deje de soñar e imaginar, esto es lo que hace divertido generar empresa y negocios.
- Pase de las ideas a los hechos, nadie más cumplirá sus sueños.

BIBLIOGRAFÍA

Ashly (15 de junio de 2011). *Sistemas de información gerencial* [blog] [Imagen]. Recuperado de: http://leadership-ucv.blogspot.com.co

Aurzelai (22 de enero de 2009) Los 7 principios de la SCM [mensaje en un blog]. *EL mundo de la logística.* Recuperado el 8 de octubre del 2011, de: http://elmundodelalogistica.blogspot.com/2009/01/los-7-principios-de-la-scm.html

[Ayahuascades]. (9 de marzo de 2014). *Decreto 1609 de 2002.* [Archivo de video]. Recuperado de https://www.youtube.com/watch?-v=hmgKEUBFnPc

Agencia Pública de Noticias del Ecuador y Suramérica. (2014). Ecuador crecerá en 2014 y 2015 más que el promedio regional, según FMI. [Imagen]. Recuperado de http://www.andes.info.ec/es/noticias/ecuador-crecera-2014-2015-mas-promedio-regional-segun-fmi.html

Asociación Nacional de Empresarios de Colombia [ANDI] (2015). *En los primeros cuatro meses, la industria aún no despega.* Recuperado de http://www.andi.com.co/SitEco/Documentos%202015/Informe%20EOIC%20Abril%202015.pdf

Ballou, R. (2004). *Logística: administración de la cadena de suministros* (5ª Ed.). Estados Unidos: Prentice Hall.

Baudin, M. (2008). *Logística lean: desarrollo de la logística lean en diversos tipos de industrias.* Madrid: TGP Hoshin.

Begoña G., E. (2013). Dirección de compras. 10 principios básicos [Mensaje en un blog]. *La innovación en las compras.* Recuperado de: https://begonagonzalezelejabarrieta.wordpress.com/2013/01/29/direccion-de-compras-principios-basicos

Cales, J.; Esparza, C.; Garibaldi, O.; Pérez, J. y Ramírez, M. (2015). *Localización y distribución de almacenes* [en línea]. Recuperado de https://www.emaze.com/@ALICQRQQ/4.2-Localizaci%C3%B3n-y-Distribuci%C3%B3n-de-Almacenes

Carowee's Blog. (24 de mayo de 2010). *Tema 6: Gestión de la cadena de suministros (SCM)* [Mensaje en un blog]. Recuperado de https://carowee.wordpress.com/2010/05

Coodicarga (s. f.). *Portafolio de servicios.* [Imagen]. Recuperado de http://www.coodicarga.com.co/index.php/servicios/recoleccion-en-planta

Cubillos, O. (1 de agosto de 2013). El departamento de compras y su rol en la cadena de suministros [Mensaje en un blog]. *Justo a tiempo.* Recuperado de http://cubillos.info/objetivos-importancia-departamento-de-compras

Dematic (s. f.). *Picking de cajas para cintas transportadoras/clasificadores.* [Imagen]. Recuperado de http://www.dematic.com/es-es/soluciones-supply-chain/por-industria/soluciones-t%C3%A-Dpicas/case-pick-to-conveyor--sorter

Dinero en imagen [Excelsior] (24 de febrero de 2016). *3 lecciones que los emprendedores pueden aprender de Michael Dell* [en línea] Mba.americaeconomia.com. Disponible en: https://mba.americaeconomia.com/articulos/notas/3-lecciones-que-los-empren-dedores-pueden-aprender-de-michael-dell

Donnadieu, E. (2011). *Cómo mejorar la logística de tu empresa.* Recuperado de http://expansion.mx/opinion/2011/06/27/co-mo-mejorar-la-logistica-de-tu-empresa

European Association of Freight Villages [Europlatforms] (2012). ¿Qué es una plataforma logística?

European Quality Assurance (s. f.). *La seguridad en la cadena de sum-inistro: ISO 28000.* [Imagen]. Recuperado de http://www.eqa.es/documentos/ISO28000.pdf

Eurotecsa. (s. f.). *"Sistemas de automatización de almacenes".* [Imagen]. Recuperado de http://www.systemlogistics.com

Fernández P., Miguel. (2007). *Nociones de Merchandising: Técnicas de exhibición de productos para mejorar las ventas* [Blog]. Recuperado de http://miguelfernandezp.blogspot.com.co

García C., E. (2009). *Administración de canales de distribución.* Recuperado de http://es.slideshare.net/EulisesGarcia/ad-mon-de-canales-de-distribucion

García, D. (2012). *Planeación y estrategia* [en línea]. Recuperado de http://es.slideshare.net/danielhgarcia/4-planeacin-y-estrategia

Gómez, C. y Soriano, B. (2012). *Diagnóstico energético del sector cerámico en la ciudad de San José de Cúcuta y su área metropoli-tana.* [Esquema]. San José de Cúcuta: Universidad Francisco de Paula Santander.

Goldratt, E. y Cox, J. (1983). *Teoría de las restricciones.* Editorial 3.

Grupo EPM. (2014). *Descripción de la cadena de suministro CHEC.* [Esquema]. Recuperado de http://brand-works.co/in-forme-sostenibilidad/cadena-suministro

Herrero, P. (29 de abril de 2011). No es lo mismo comprar que aprovisionarse [Mensaje en un blog]. *Sage experiencia*. Recuperado de http://blog.sage.es/economia-empresa/no-es-lo-mismo-comprar-que-aprovisionarse

High Logistics Institute. (2016). Recuperado de http://www.highlogistics.com

JRojas (4 de mayo de 2015). La formación profesional de las empresas hoy [Mensaje en un blog]. *Master Executive en Dirección de Empresas Tecnológicas e Industriales (Online)*. Recuperado de: http://www.eoi.es/blogs/mintecon/page/5

Kraljic, P. (1983). Purchasing Must Become Supply Management [en línea]. *Harvard Business Review*. Recuperado de: https://hbr.org/1983/09/purchasing-must-become-supply-management

Leal, E. y Pérez, G. (2009). Plataformas logísticas: elementos conceptuales y rol sector público. *Boletín FAL*, 274 (6). Disponible en: http://repositorio.cepal.org/bitstream/handle/11362/36112/FAL-274-WEB_es.pdf;jsessionid=8125F036B36668D7E-F07EE4001887730?sequence=1

Lezama Osaín, C. (2007). *Planificación y control estratégico* [en línea]. Recuperado de http://www.monografias.com/trabajos85/planificacion-y-control-estrategico/planificacion-y-control-estrategico2.shtml

Logística Unicatólica (2010). Canales de distribución [mensaje en un blog]. *Lo mejor de logística*. Recuperado de: http://lomejordelogistica.blogia.com/temas/canales-de-distribucion

Luer, C. (2013). 7 principios para iniciar un negocio con éxito. *Merca 2.0* [en línea]. Recuperado de: http://www.merca20.com/7-consejos-para-aumentar-las-probabilidades-de-extio-de-tu-negocio

Maritzaip (11 de diciembre de 2012). *Layout* de detalle de células productivas [Imagen en un blog]. *Diseño de plantas industriales*

2012. Recuperado de https://plantaindustrialunad.wordpress.com/2012/12/11/otras-presentaciones/*layout*-2

Marketing (2 de enero de 2015). La importancia del servicio al cliente. [Mensaje en un blog]. *Muy buena idea.* Recuperado de http://muybuenaidea.com/blog/importancia-servicio-atencion-cliente-empresa

Master Logística (2015). *CPFR, la gestión de la cadena de suministro* [en línea].Recuperado de: http://www.masterlogistica.es/cpfr/

Megias, J. (9 de octubre de 2012). ¿De verdad los clientes no saben lo que quieren? [Mensaje en un blog]. *Estrategia, Startups y Modelos de Negocio* [Imagen]. Recuperado de http://javiermegias.com/blog/2012/10/los-clientes-no-saben-lo-que-quieren-necesidades

Microsoft TechNet. (2014). *Adquisición y abastecimiento [AX 2012].* [Esquema]. Recuperado de https://technet.microsoft.com/es-es/library/hh208778.aspx

Modula (s. f.). *Logística industrial.* [Imagen]. Recuperado de http://www.almacenautomatico.com

Mora García, L. A. y Muñoz Zuluaga, R. D. (2005). *Diccionario de logística y negocios internacionales* (2ª ed.). Bogotá: Ecoe Ediciones.

Mora García, L. A. (2009). *Gestión logística integral* (1ª ed.). Bogotá: Ecoe Ediciones.

Mora García, L. A. (2013). E-logística: "el nuevo modelo de negocios para una empresa competitiva". *Revista digital LCM (Logística y comercio exterior management).* Recuperado de http://www.lcmdigital.info/capacitacion-y-rrhh/e-logistica-el-nuevo-modelo-de-negocios-para-una-empresa-competitiva

Naranjo, D. (2010). *Los 5 principios del servicio al cliente.* Recuperado de http://es.slideshare.net/dfnaranjo/5-principios-de-servicio-al-cliente

Pereira, A. (2011). *Gerencia de la distribución*. Recuperado de: http://es.slideshare.net/adolfop692/canales-de-distribucion-8639762

Retos en Supply chain (2015). *Barreras a la estrategia de coordinación financiera entre entidades locales* [en línea]. Recuperado de: https://retos-operaciones-logistica.eae.es/barreras-a-la-estrategia-de-coordinacion-financiera-entre-entidades-locales/

Rey, Ma. F. (2010). *Los métodos de picking más usados*. [Esquema]. Instituto de Logística de Georgia Tech de EE. UU.

Rincón E., M. A. (2011). *Principios logísticos. Definición y descripción*. Recuperado de: http://es.slideshare.net/MiguelRincon6/principios-logisticos

Rodríguez, A. (2013). *Layout de almacenes y centros de distribución*. Recuperado de: https://prezi.com/vqbmimnsahjz/*layout*-de-almacenes-y-centros-de-distribucion

Romero, J. (s. f.). *Administración de compras y abastecimientos*. Recuperado de: http://es.scribd.com/doc/29620698/Administracion-de-Compras-y-Abastecimientos#scrib

Salas, J. y Marcos, M. (2014). Siete tips para eficientar el almacén. *Revista Énfasis Logística de México y Centroamérica* [en línea]. Recuperado de http://www.logisticamx.enfasis.com/articulos/70728-siete-tips-eficientar-el-almacen

Silpol (s. f.). *Catálogo de servicios*. [Imagen]. Recuperado de http://www.silpol.pl/folder.pdf

Sistemas de fabricación y reposición *pull* [mensaje en un blog] (21 de septiembre de 2015). *Lo esencial*. Recuperado de: http://loesencial.es/sistemas-de-fabricacion-y-reposicion-*pull*

Techno Fashion (2014). Esportare prodotti tessili: un *workshop* a Varese. [Imagen]. *Techno fashion*. Recuperado de http://www.technofashion.it/esportare-prodotti-tessili-un-*workshop*-a-varese

Woobsing Smart Marketing (s. f.). *Estas palabras te ayudarán a entender el marketing digital.* [Imagen]. Recuperado de https://www.linkedin.com/company/woobsing

Zamora, C.; Plata, I.; Vega, A.; Jacobo, R. y Guevara, P. (2010). *Integración de los canales de distribución.* Recuperado de: https://sites.google.com/site/sistemasylogistica/home/integracion-de-los-canales-de-distribucion

Zinergia. (s.f.). *Estudios y competitividad.* [Imagen]. Recuperado de http://zinergia.cl/servicios/estudios-y-competitividad

**Manual de estrategia
de operaciones**
Ángel Caja Corral

**Técnicas logísticas
para innovar planificar
y gestionar. Aurum 1**
Luis Carlos Hernández Barrueco

**Logística urbana. Manual
para operadores logísticos
y administraciones públicas**
Ignasi Ragàs

**Almacenes y centros
de distribución Manual
para optimizar procesos
y operaciones**
Diego Luis Saldarriaga Restrepo

**Técnicas para ahorrar
costos logísticos. Aurum 2**
Luis Carlos Hernández Barrueco

Centros logísticos
Ignasi Ragàs

**Normativa de estiba
en carretera. Claves,
soluciones y modelos para
estibar y trincar cargas**
Eva María Hernández Ramos

**Manual del transporte
en contenedor**
Jaime Rodrigo de Larrucea

Soluciones logísticas
Francisco Álvarez Ochoa

**Manual de gestión
de almacenes**
Sergi Flamarique

**Micrologística:
cómo optimizar los
procesos logísticos internos**
Rodolfo Enrique Silvera Escudero

**Cadena de suministro.
Principios, máximas y
recomendaciones**
Luis Aníbal Mora García

**Lean Energy 4.0.
Guía de Implementación**
Luis Socconini, Juan Pablo Martín

**Manual del transporte
de mercancías**
Jaime Mira, David Soler

**Estiba y trincaje de
las mercancías en
contenedor**
Francisco Fernández Sasiaín

**Manual del comercio
electrónico**
*Eva María Hernández Ramos,
Luis Carlos Hernández Barrueco*

**Transporte marítimo
de mercancías.
Los elementos clave,
los contratos y los seguros**
Rosa Romero, Alfons Esteve

**Manual de gestión
aduanera. Normativas y
procedimientos clave del
comercio internacional**
Pedro Coll

València, 558 – 08026 Barcelona – Tel. +34-931 429 486 – marge@margebooks.com – www.margebooks.com